在线社区开放性对消费者信息分享行为影响机理

——基于社会影响视角

陈洁 著

上海三联书店

目　　录

第一章　绪论 …… 1

1.1　研究背景 …… 1

1.2　研究意义 …… 5

1.3　研究方法 …… 7

1.4　文献综述 …… 7

1.5　研究框架 …… 16

第二章　在线社区发出者开放性对信息分享内容和行为的影响机理 …… 19

2.1　发出者开放性—身份披露和语言强度对信息评价的影响机理 …… 20

2.2　发出者开放性—专业性和人际相似性对炫耀性品牌态度的影响机理 …… 50

第三章　在线社区关系开放性对信息分享内容和行为的影响机理 …… 65

3.1　关系开放性—关系强度和情境开放性对自嘲信息分享意愿的影响机理 …… 66

3.2　关系开放性—关系类型和炫耀性对信息分享意愿的影响机理 …………………………………… 81
3.3　关系开放性—关系类型和语言强度对购买意愿影响机理的田野实验 ………………………………… 95

第四章　在线社区接收者开放性对信息分享内容和行为的影响机理 ………………………………… 105
4.1　接收者开放性—居住流动性和内容独特性对信息分享意愿的影响机理 ……………………… 105
4.2　接收者开放性—居住流动性和语言极端性对信息分享意愿的影响机理 ……………………… 121

第五章　在线社区开放性对信息分享内容和行为影响建模仿真研究 ………………………………… 140
5.1　基于社会评级的不同开放性在线社区动态影响力指数构建 …………………………………… 140
5.2　发布者位置和争议性对在线社区信息分享行为影响仿真研究 …………………………………… 159

第六章　政府、企业在线社区建设的管理启示 ……………… 175
6.1　运用“舆情感知服务”系统帮助政府实时掌控和引导舆情 ………………………………………… 175
6.2　切入高频开放场景利用发布者开放性和居住流动性扩大信息传播力 ……………………………… 176
6.3　针对不同关系类型设计相匹配的信息内容提高品牌传播力和购买转化 …………………………… 178

6.4　针对不同关系强度从争议性、自嘲性角度创造高热度话题 …… 180
6.5　基于田野实验和模型构建预测消费者实际购买行为 …… 181

参考文献 …… 183

第一章 绪　论

1.1 研究背景

在线社区(Online Community,OC)的定义可以追溯到 1993 年。在线社区是由持续参与的人们相互交流、彼此关怀,以形成网际人际关系网络的基于计算机网络的社会集合体(Rheingold 1993)。如搜索引擎网站开通的贴吧和空间、电子商务网站开通的论坛、即时通信网站开通的个人空间、各种不同人群定位的专业论坛、博客/圈子等等。据北极光大数据 2019 年 Q1 移动互联网行业数据报告统计,2019 年 3 月,中国社交网络 APP 行业渗透率达到 87.2%,月均日活跃人数为 7.45 亿,其中排名前十的社交网络及注册用户人数如下:微信(6.52 亿)、QQ(2.70 亿)、新浪微博(1.07 亿)、百度贴吧(700 万)、探探(700 万)、QQ 空间(620 万)、最右(350 万)、Soul(270 万)、美篇(170 万)、Steam(160 万)。可见,中国社会化分享传播平台用户规模增长稳定,且活跃用户数巨大。每天数以亿计的消费者出于使用社交、娱乐、新闻和其他各种功能性服务等原因登录在线社区,并通过文字、声音、视频等形式进行信息的共享、交流和倾诉等。由于在线社区的信息交流形式取代了部分传统的电话、短信和电子邮件的交流功能，使得消费者的信息获取方式、获取能力、采取购买行为的模式，都出现了剧烈的颠覆性变化(Buechel & Berger 2012；刘玉琦等，2017；刘涛等，2016；陈洁等，2016)。现今消费者大量的时间正在被不多的几个社交平台牢牢占据，因此，强势媒体不再像以往那样能快速、容易到达消费者。消费者获取品牌信息的主要方式，已经变成了消费者之间通过微博分享、微信群、朋友圈这些社交行为的横向传播(李金阳 2013；张莉 2013；赵捧未等 2013；鲁成等 2018)。

在线社区的信息传播使整个世界变得更加高效的同时不可避免的将从根本上改变现有企业开展业务的方式，绝大多数企业都已经意识到社交媒体时代的到来(Dubois *et al*. 2012；Homburg *et al*. 2015；Boyd *et al*. 2019；Chen, et al. 2018)。特别是在中国这样的互联网大国，社交媒体的普及速度甚至超过了欧美等发达国家(中国有 91%的网民有社交账户，而美国则只有 67%；中国网民每天平均花在社交网站上的时间为 46 分钟，美国为 37 分钟，日本为 7 分钟)。另外社交媒体空间也在逐渐扩大，例如那些拥有上百万名粉丝的网络意见领袖(微博大 V)们对产品和技术发表的评论，对名流和其他热门话题的看法，以及企业自身对网络社区社交规则的使用不当都有可能迅速对企业品牌带来负面效应。但是，在线社区的广告、营销、公关等特性不仅适合企业操作，而且为扩大接触范围、访问信息和增强直接性提供了机会，如果运用得当也能为企业迅速带来正面效应(夏雨禾，2010；尚勤，2011；许晓东等，2011；袁红和赵磊 2012；Sun et al，2017；李珍和鲁成，2018；郝鸿，2016；鲁成等，2018)。例如，麦当劳顺应网络热点事件和热点词汇，在官方微博上提供不同的话题，如“全世界最北的麦当劳餐厅”、麦当劳版“惆怅体”等与消费者建立了良好的关系。在被“3·

15”晚会曝光随意更改产品保质期后，迅速利用官方微博向消费者致歉，并在之后不断推出全国各地优秀员工和餐厅的微博，对舆论的质疑进行回应，成功进行了一次危机公关。在与网民讨论过程中，甚至有部分网民在微博上掀起了支持麦当劳的活动。可见，中国企业不得不思考如何用社交媒体战略进行企业口碑传播重新塑造客户关系模式(Chen et al,2016;钟佳玲等,2018;陈洁等,2018;于霞和鲁成,2018)。

在线社区不仅深刻影响着商业活动的组织形式，也让更多的普通人可以随意表达各自的观点、传播自己的所见所闻，沟通不同的社会成员，使得整个社会关系重构，进而产生了巨大的社会影响。这样的社会变化对整个社会的进步固然有重要的推动作用，但如双刃剑一般也极有可能产生巨大的负面影响。其中网络谣言的传播则有可能引发整个社会的愤怒、恐慌和不安等负面情绪和非理性心理。例如2017年的“塑料紫菜”谣言，某网友录制虚假造谣视频，内容为将紫菜泡水撕扯，继而用火烧，称某品牌紫菜点燃后有刺鼻的味道，是“塑料做的”，仅一周时间内便有20多个版本的“塑料紫菜”视频在网上爆发式传播，从2月17日至3月28日，黑龙江、广西、甘肃等地多家超市下架该品牌产品，18家经销商退货，退货金额达468万余元(丁小溪等,2017)。近10年来紫菜价格波动不大，基本上在9—10万元/吨左右，并且很少滞销，但“塑料紫菜”谣言发布后，每吨紫菜价格仅为3—5万元/吨，整个紫菜行业损失数千万甚至上亿元(吴铎思,2019)。面对网络谣言的巨大影响力，政府部门必须对在线社区信息传播路径的内在影响机理有清晰的认识，从而有效制定在线社区规范以提升在线信息控制和信息管理水平。

在线社区上的信息传播或信息分享对企业在激烈的市场竞争

环境中的存亡，对政府处理社会矛盾、防范社会公共危机发生的重要影响是不言而喻的。但是在线社区消费者要分享什么信息以及为什么要分享这些信息？信息接收者是如何影响消费者信息分享内容？信息交互方式是否以及如何影响信息分享内容和行为？这些核心问题却仍然没有被很好的解答。这也导致虽然企业已经意识到在线社区信息分享对企业自身的重要意义，但是依然对如何有效运用在线社区信息分享进行精确的营销活动还存在差距；导致政府在应对网络群体性事件时常表现出预先防范能力不足、事后处理措施不当的局面。因此对上述问题解答在当前显得极为紧迫且具有重大的意义。

根据当前中国社交网络特征，本研究认为在线社区开放性是影响消费者信息分享行为和信息分享内容的重要因素。2011 年初，腾讯公司推出一款快速发送文字和照片、支持多人语音对讲的手机聊天软件微信，2013 年底，微信使用人数就超过了 6 亿，超过了微博使用人数，私密社交和公开社交的需求造就了两大在中国最具影响力的平台。本课题认为两者除了功能的差别外，消费者在这两种不同社交平台上的信息分享行为和信息分享内容也存在巨大差别，例如微信的信息内容私密性精确性更强，更强调关系，更强调个人话题；微博的信息内容更强调公共话题。这类差异的出现可以部分归因于匿名/非匿名、熟人圈/陌生人圈、一对一/一对多等的区别。我们把这些区别归类为在线社区开放性的不同。

过往大多数文献研究了在线社区信息分享的效应，并从信息分享者的动机、信息分享对象和信息分享渠道研究了信息分享内容和行为的前因，但截至目前还没有研究探讨在线社区开放性的影响作用。在线社区开放性本身作为社会影响线索会影响消费者认知状态从而对消费者实际的信息分享内容和行为产生影响。因此本项目从社会影响的视角研究在线社区开放性对消费者信息分享内容和行为的影响机制，运用心理学实验方法、问卷调研方法、实际信息分享行为大数据挖掘分析方法，着重实现如下三个目标：(1)从社会影响的视角分析在线社区消费者的不同开放性对信息传播热度的影响。(2)揭示在线社区开放性对信息分享意愿和内容的影响机理。从信息传播的模式框架——发出者、交互方式、接收者出发，基于社会影响的视角，探讨在线社区开放性对消费者内在心理的作用机理，进而影响消费者信息分享内容和行为(如私人信息披露、社会感染等)的机理。(3)提出针对企业、政府在线社区建设的建议。通过设计企业在线口碑传播策略促进企业品牌构建和销量提升，通过制定在线社区规范推进政府在线信息控制和信息管理水平。

1.2　研究意义

1.2.1　理论意义

理论上，一方面剖析不同在线社区开放性情境下消费者信息分享内容和行为的差异，对于在线社区的消费者信息分享行为研究至关重要。以往的研究主要从人口统计变量角度来解释信息分享行为的差异，但是，针对在线社区消费者实际行为，需要基于大数据挖掘，以提炼细分行为指标和关键因素。本节提出不同开放性条件下基于时间增量并结合信息演化生命周期的信息热度算法，深入研究分析消费者开放性对信息传播力的影响，从而为在线口碑传播效果衡量提供定量模型。

另一方面，从社会影响的角度切入，挖掘在线社区开放性对消费者信息分享行为的影响机理具有重要的理论意义。以往研究较少采用社区开放性的变量进行分析，事实上，不同在线社区开放性下消费者信息分享的偏好、意愿、行为和内容各不相同。本研究从发出者、接收者和交互方式的角度，探讨在线社区开放性通过对消费者心理机制的作用，进而影响消费者信息分享内容和行为（如私人信息披露、社会感染等）的机理，为进一步发掘消费者的信息分享内在心理机制，设计相应的在线口碑传播信息建立了理论基础。

1.2.2 实践意义

实践上，对于企业而言，从社会影响的视角识别在线社区开放性对消费者信息分享行为的影响机理，有助于精确设计适合不同开放在线社区和消费者特性的品牌推广信息和企业在线口碑传播策略。通过大数据挖掘和实验研究，提炼社交行为变量指标区分消费者，比如经常用表情信息、经常更新自己的头像、经常上传修饰过的自己生活照片等可以判断为自恋者；经常发布非关于自己的信息、用长段的描述性文字等可以判断为低自尊者，有助于促进企业品牌构建和销量提升；对于政策制定者而言，通过对在线社区开放性和消费者信息分享行为的研究，有利于设计正确的在线社区规范以推进政府在线信息控制和信息管理水平，有利于结构化地提出引导消费者合法进行信息分享的设想。因此本课题的研究对于政府、企业均具有一定的现实意义，无疑对于在线社区的有序发展会产生积极的促进作用。

1.3 研究方法

第一，文献研究法。通过 Google 学术搜索数据库、中国知网、万方数据库、维普全文期刊、Emerald、ProQuest 等数据库查阅国内外关于在线社区分享行为的外部和内部影响因素及与本研究有关的消费者心理研究等相关文献，在全面了解各研究领域的成果和现状后，通过系统整理，并进一步经过结合事实情况的逻辑推理，提炼出本书的研究问题。

第二，实验方法。通过心理学实验方法进行实证研究，本书针对不同的研究目的，设计了一系列实验，收集相关数据。其后，采用统计分析法对实验数据进行分析，本书数据分析的主要工具是 SPSS 和 SAS 统计软件，主要运用的统计分析方法有：描述性统计分析、卡方检验、CATMOD 过程卡方检验、回归分析等。

第三，仿真研究方法。在线社区可视为多主体互相联系形成的关系网络，本书采取基于主体的建模方式，建立在线社区信息分享的个体行为模型，同时将模型适用于模拟的社交网络之中，进行仿真实验，探究在线社区信息影响力机制及传播分享机制。

1.4 文献综述

信息分享可以定义成个人和群体间进行信息交流交换的过程(Davenport & Prusak 1998)。消费者每天都在通过 Facebook、

Twitter、微信、微博等在线社区进行交流，谈论的内容有可能涉及自身，可能涉及别人，也有可能涉及某个产品或服务的体验。这些不同的信息分享内容对消费者的日常生活产生了巨大的影响。因此，在线社区中的信息分享问题在当前引起了众多国内外学者的关注（程业炳，2013；李金阳，2013；张莉，2013；赵捧未等，2013；Chintagunta *et al*. 2010；Bakshy *et al*. 2012；Lindner，2013；李珍和鲁成，2018）。这些研究大致可以分为两大类，一类是针对在线社区中信息分享效应的研究（Dhar & Chang 2009；Godes & Mayzlin 2009；Aral & Walker 2012；Babić Rosario *et al*. 2016），一类是针对在线社区信息分享的前因研究（Moldovan *et al*. 2015；Tucker 2012；Berger & Milkman 2012；Chen & Berger 2013；Yan *et al*. 2016）。

1.4.1 在线社区信息分享的效应研究

在这类研究中，因为可以较容易地直接从网络中挖取客观的口碑信息数据，研究者们多采用量化分析的研究方法。这些在线社区的信息通常包括了消费者的评论和网络公告，这些信息又可以被分解成数量、效价和变异以进行量化（Dellarocas & Narayan 2006；Moe & Trusov 2011；Baker *et al*. 2016）。其中数量指的是不同类型评论或帖子数目（Kwok *et al*. 2017；Martin-Fuentes *et al*. 2018），效价则是指针对某一产品类型或服务的评分（Dellarocas *et al*. 2007；Roy *et al*. 2017），而变异则通常指评论或帖子的统计方差或熵值（Clemons *et al*. 2006；Sun 2012；Rozenkrants *et al*. 2017）。学者们在研究中采取一种或多种上述测量尺度对在线社区中的信息进行量化，并发现这些信息对企业绩效有广泛的影响。比如消费者在在线社区中对企业产品或服务的评论、转发，显著增加了在线图书(Chevalier & Mayzlin 2006)，小额贷款(Stephen & Galak 2012)、游戏、电影(Chintagunta *et al*. 2010；Dellarocas *et al*. 2007；Duan *et al*. 2008；Liu 2006)和音乐(Dhar & Chang 2009)的销售量，还有电视节目的收看率(Godes & Mayzlin 2004)以及社交网站的注册人数(Trusov *et al*. 2009)。产生上述效应的原因，研究者们普遍解释为在线社区信息分享的意识和劝说效应。前者是指，在线社区传播的信息或口碑能提醒消费者某种产品或服务的存在，也就是增加该种产品或服务在头脑中的可接近性，这种效应对那些为消费者不太熟知的或低风险的产品尤为显著(Godes & Mayzlin 2009)。后者是指，信息能改变人们之前对某种产品、服务或观点的看法，进而改变他们的行为。如 Berger & Heath 2007；2008 的研究发现，某些产品或服务的信息影响了消费者与这些产品或服务本身相联系的社会认同或社会身份，进而改变了消费者的购买行为。

还有一类研究主要研究了在线社区中分享的信息或口碑传播在什么时候对消费者的行为影响更大。这些研究发现当信息的来源越可靠，信息分享者之间关系越紧密(Bakshy *et al*. 2012；Wang *et al*. 2016)、信息分享者之间越相似(Forman *et al*. 2008；Peng *et al*. 2018)、信息接收者越敏感(Aral & Walker 2012；Williams *et al*. 2017)，信息对消费者或信息接收者的影响作用越大。也有研究发现，信息本身的特征也决定了其影响力的大小，比如在某些情况下，负面信息的影响力要远超过正面信息的影响力(Chevalier & Mayzlin 2006)，内容更深入的信息对消费者的行为作用更大(Godes & Mayzlin 2004)。

1.4.2 在线社区信息分享的前因研究

在对在线社区信息分享的前因研究中，大致可以分为两类，一类是针对信息分享行为（意愿）的研究，另一类是针对信息分享内容的研究。

一、对信息分享行为的前因研究

研究发现，个人对信息共享的态度、自我效能和情绪会直接影响信息分享行为（Wang & Fesenmaier 2002；Yilmaz 2016）。另外，社会因素，例如群体规范、社会认同（Bagozzi & Dholakia 2002；Gvili & Levy 2019）、社区意识（Sharratt & Usoro 2003）、社区适应性，也会直接或间接影响信息分享。从激励理论出发，研究结果发现，消费者进行信息分享，除了满足个人对他人的亲和需要外，也是为了满足成就和权利需要。最近的研究开始关注在线社区的环境对信息分享行为（意愿）的影响，如 Tai-Kuei Yu（2010）发现，在线社区的开放性、消费者感知到的公平性会通过影响在线社区的分享文化从而影响信息分享行为。

二、对信息分享内容的前因研究

1948 年，Harold Lasswell 第一次提出了信息传播的经典 5W 模型，信息发出者（Who），信息内容（What），信息接收者（to Whom），信息传播渠道（in Which Channel）和信息影响效应（What Effect）。这一经典信息传播模型在在线社区信息分享的研究中也一直被广泛运用。研究者们在回答消费者为什么在在线社区中进行信息分享行为，以及为什么更倾向于分享某一类信息的问题时，也分别从信息发出者的动机，信息分享的对象、信息分享渠道进行了回答。

信息发出者的动机：研究发现，消费者主要出于自我增强、情绪、帮助别人的动机进行信息分享。出于自我增强的动机，消费者在在线社区中进行信息分享时总是希望自己分享或发出的信息能让自己看起来更好，有研究表明在社交媒体上，比如超过70%的twitter网络公告内容都是关于自己或关于自己的即时体验（Naaman *et al*. 2010）。消费者出于同样的动机也倾向于分享那些有趣、刺激、惊奇、滑稽和令人愉快的信息（Moldovan *et al*. 2015；Tucker 2012；Berger & Milkman 2012；Chen & Berger 2013；Jin *et al*. 2015）。自我增强的动机也会影响消费者选择传递正面还是负面的信息（Dubois *et al*. 2016）。有研究表明消费者在在线社区中更倾向于发表正面的评论（Chevalier & Mayzlin 2006；Fowler & De Avila 2009），但是在考虑到受公众评价的时候，也会选择分享更加负面的信息（Schlosser 2005；Herhausen *et al*. 2019）。之所以出现上述不同的结果，其中一个可能的原因是来自于信息本身对信息分享者的信号作用。消费者在经历情绪变化时也会增加网络社区中的信息交流。研究表明那些情绪密度高的电影、新闻标题（Berger & Milkman 2012），主要体现享乐价值的信息内容（Chiu *et al*. 2007），更容易被分享。另外还有一些研究根据唤醒水平的高低将情绪分成高唤醒状态情绪和低唤醒状态情绪，研究结果表明，畏怯、焦虑和愤怒能激发更高的唤醒状态，因此体现这类情绪的网络信息更容易被分享和传播（Berger & Milkman 2012；Weingarten & Berger 2017）。人们分享有用信息的其中一个动机可能是利他主义或帮助别人，Berger & Milkman（2012）的实证研究也发现那些有用的新闻报道更容易在在线社区中被分享。这些研究都从不同动机角度解释了不同内容的信息更容易被分享的原因,但是仍然没有解释到底是什么因素激发了消费者分享某种特定类型信息的动机。

信息接收者:研究发现消费者总是会根据自己信息分享的对象的知识、态度和兴趣来调整自己的信息分享内容(Krauss & Fussell 1991;Higgins 1992)。并且这种现象几乎在线上和线下都会发生。比如当消费者在谈论食物时,他们会提到餐馆,这种现象的原因可能是环境因素激发了信息分享者头脑中的某部分对应的记忆(Fitzsimons & Bargh 2003)。同样一个喜欢足球的信息分享对象的出现也有可能激发信息分享者头脑中关于足球的记忆,从而更有可能分享关于足球的信息(Sperber & Wilson 1986)。与上述环境会激发信息分享头脑中的某部分记忆从而影响信息分享者信息分享内容的逻辑类似的还有另外一个逻辑,消费者倾向于分享那些在头脑中靠近前端的信息。其中,环境是重要的诱导因素,如声音、气味、视觉等都有可能激发记忆中的概念,使得这些概念可接近性更强或更靠头脑的前端(Higgins *et al*. 1977)。有研究发现相比袜子,消费者更倾向于谈论可见性更强的衬衣或 T 恤,因为衬衣或 T 恤相比袜子更公开,更容易被看到,在头脑中也处于更前端的位置(Berger & Schwartz 2011)。这类研究从外部环境激发的观点回答了为什么分享信息以及分享什么信息的问题,但是仍然缺少对消费者内在心理机制过程的探讨,使得研究的信息内容有限,且多停留在面上的统计分析。

信息分享渠道:在信息分享过程中,消费者可以采取面对面的方式,也可以采取通过计算机等电子媒介的方式(Frenzen & Nakamoto 1993;Godes & Mayzlin 2009; Iyengar *et al*. 2010;Berger & Schwartz 2011)。目前很多研究通过田野实验的方法,重点研究了在线评论(Chevalier & Mayzlin 2006;Moe & Trusov 2011)、微博(Dhar & Chang 2009)、新闻群组(Godes & Mayzlin 2004)等通过计算机媒介的信息分享形式。最近的研究认为,通过计算机媒介的交流方式使得消费者自我表现和自我增强变得更加容易(Walther 1996;2007;2011)。这主要是因为线上线下的不同步能帮助避免传递错误的信息,能帮助聚焦和不断精炼自己想说的内容,因此可以通过有选择性的传递信息以表达自我。按照这样的逻辑,研究者发现通过邮箱传递的信息要比面对面传递的信息更让人觉得礼貌,因为消费者有时间去停顿进行构思(Duthler 2006)。但从另外一个角度也有可能通过电子媒介的方式,使得消费者也不用顾忌社会中关于礼貌的社交规范。这两者的区别除了上述,还有很多,比如面对面的形式分享的信息让人会觉得更温暖、电子媒介的形式让信息传递更精确、更精炼(Seltzer *et al.* 2010)。这类研究几乎主要集中在比较面对面和电子媒介或线下和在线交流形式对信息分享分享内容的区别,但是忽略了电子媒介或在线社区本身的不同对信息分享内容的影响差异。

1.4.3 在线社区开放性的研究

研究认为,在线社区的管理员不能仅仅关注产品,更应该给参与者提供一个环境让他们之间相互交流并互相影响(Bagozzie & Dholakia 2002)。因此,在线社区本身的区别也是影响消费者信息分享内容和行为的重要因素。近来有研究开始从在线社区开放性的角度探讨这一问题。根据(Dholakia 2007)的定义,在线社区开发性或在线社区沟通信息流的开放性,指的是消费者在这个虚拟网络空间中可以自由讨论与品牌或与其工具性利益相关主题的能力。比如，匿名/非匿名、一对一/一对多、熟人/陌生人、自由注册/需要人推荐等都是影响在线社区开放性的重要因素。在线下环境中，非匿名会使得消费者增加自我强化的考虑，意识到自己说的话和可能带来的影响，因此，在非匿名时，消费者不倾向于谈论有争议的话题(Schlosser 2005)。熟人关系表示信息分享者之间相比陌生人有更强的关系，他们的相似性也更强，因此更倾向于谈论品位和兴趣相似的话题(Bakshy *et al*. 2012)；他们之间彼此更信任，因此更倾向于谈论涉及个人的非正常或情绪体验(Heath *et al*. 2001；Rime 2009；Chen 2017)；他们之间的心理距离越短，因此会激发消费者是采用具象思维思考问题，从而他们之间更倾向于讨论那些更具像的信息，比如产品的缺点(Dubois *et al*. 2012)。另外，在一对多的情况会激发消费者自我强化的动机，从而更倾向于谈论对自己有利的正面信息，而一对一的情况则会是消费者较少关注自己，因此更倾向于传递对信息受众更有利的信息(Barasch & Berger 2014)。虽然近年来学者研究了上述因素对信息分享的影响，但都是针对线下信息分享，截至目前为止还没有学者针对在线社区对这一问题进行研究和解答。

1.4.4 文献评述

问题1. 对实际发生的在线社区信息分享内容和行为类型研究不足。现有研究主要通过在线社区中对某一产品或服务的评论数量、效价和变异分析了信息分享对企业绩效和消费者行为(主要是购买行为)的影响，并从唤醒和劝说的机制解释了其中部分机理。但是，从内容角度，不同类型的信息等对企业口碑传播和消费者实际行为也会产生影响，而以往研究出于数据可得性的考虑，缺少对信息内容本身的关注。

以往对信息分享行为影响因素的研究主要回答了消费者信息分享意愿的问题。但是在在线社区中，实际信息分享行为很多，例如，发出者的行为包括了频繁更新自己的生活状态（如起床、睡觉、景点签到等）、分享即时体验（看电影，美食等）、发表产品服务的评论（长评论，短评论等）、留言等；接收者行为包括了点赞、转发、评论、收藏等。这些实际发生的信息分享行为截至目前还未得到理论的充分研究。

问题 2. 虽然近来有学者开始关注了匿名/非匿名、一对一/一对多和熟人/陌生人等因素对人际间信息交流的影响，但是，相对线下环境，在线社区中，这些开放性的差异更显著，截至目前还较少有人讨论。那些对消费者信息分享起到限制或隔离作用的因素都可以看作是造成在线社区开放性或封闭性差异的原因。例如，匿名/非匿名，其表现形式可以是是否用了真实头像、是否填写了基本资料（性别、职业、兴趣爱好等）；熟人/陌生人；单向关注/双向关注；会员/非会员制；一对一/一对多；是否需要付出额外成本（比如发表信息需要加验证码）等。但是在线社区中，开放性也是一类社会线索，但是在过去的研究中较少被涉及。

问题 3. 对信息分享内容影响因素的研究，一类研究主要从自我增强和帮助别人的动机，以及情绪、信息可接近性角度进行了研究，但在解释逻辑上，常常是从信息对消费者的心理利益角度进行解释。比如，研究发现能体现畏怯、焦虑和愤怒这类情绪的网络信息因为能激发消费者更高的唤醒状态，因此更容易被分享和传播（Berger & Milkman 2012），另外有趣、刺激、惊奇、滑稽和令人愉快的信息因为能激发消费者自我增强的动机而更容易被分享和传播（Tucker 2012）。但是这样的解释逻辑很难说明到底是这些信息的利益造成了信息的广泛分享，还是这些信息的广泛分享给消费者带来了这些利益。从这个角度，在线社区中消费者为什么要过度披露自我信息或者分享例如不同类型的幽默（归属性幽默/攻击性幽默）等的信息依然没有被回答。从信息接收者和交互方式角度的研究则缺少对在线社区中消费者信息分享内在心理机制的探讨。

问题 4. 在线社区开放性程度的不同，代表的是社会诱导因素数量的不同。比如在匿名的条件下，消费者较少受到群体规范的影响，所以可能会倾向于分享与群体规范不一致或表现自我的信息；但是在非匿名、熟人圈和一对一的条件下，消费者较多受到外部规范的制约，因此可能会倾向于赞同别人的意见；但是在发出或信息需要付出成本时，消费者则有可能又会弱视外界的影响，较少受到社会影响。因此，我们的研究有必要从社会影响的视角，通过实验设计、问卷调研和在线客观数据计量分析的方法研究在线社区开放性对信息分享实际行为和信息分享内容的影响机理。

1.5　研究框架

本书旨在研究和梳理在线社区开放性对信息分享内容和行为的影响机理。在线社区开放性包括多层次多维度，本书采用信息传播的发出者-渠道关系-接收者模型为基础，将在线社区开放性分为发出者开放性、关系开放性、接收者开放性三大维度，分别进行研究。首先，分别以在线社区发出者开放性、关系开放性、接收者开放性为出发点，运用心理学实验、田野实验分析方法，研究在线社区开放性对消费者信息分享内容和行为的影响机理。其次，基于社会影响视角，不同于心理学实验，采用建模仿真的方法，从影响力、社会感染和在线信息源研究在线社区开放性对信息分享内容和行为的影响机理。最后，根据研究结果，对企业和政府在线社区信息管理、舆情管理提出了应用性建议。

本书章节安排大致如下：

第一章：绪论。介绍研究背景、研究意义、文献综述、研究方法和研究框架。

第二章：在线社区发出者开放性对信息分享内容和行为的影响机理。研究在线社区中，信息发出者不同开放性条件下，对接收者信息分享内容及意愿的影响机理，包括身份披露和语言强度对信息评价和分享意愿的影响机理，专业性和人际相似性对炫耀性品牌态度的影响机理。

第三章：在线社区关系开放性对信息分享内容和行为的影响机理。在线社区中信息发出者和信息接收者存在一定的关系，这种关系具有关系强度、关系类型等维度。本章从各维度出发，研究了关系强度和情境开放性对自嘲信息分享意愿的影响机理，关系类型和炫耀性对信息分享意愿的影响机理。最后还通过田野实验进一步验证了关系类型和语言强度对购买意愿的影响机理。

第四章：在线社区接收者开放性对信息分享内容和行为的影响机理。在线社区中，从信息接收者视角出发也存在开放性的差异，居住流动性是其中最为重要的开放性差异之一。本章基于居住流动性分类，研究了居住流动性和内容独特性对信息分享意愿的影响机理，以及居住流动性和语言极端性对信息分享意愿的影响机理。

第五章：在线社区开放性对信息分享内容和行为影响的建模仿真研究。不同于前几章采用的实验研究方法，本章采用建模及仿真方法，研究了基于社会评级的不同开放性在线社区动态影响力指数构建，以及发布者位置和争议性对在线社区信息分享行为影响仿真研究。

第六章：政府、企业在线社区建设的管理启示。基于上述研究成果，针对企业和政府分别提出在线社区建设管理的实践建议，帮助企业提高品牌营销效果，帮助政府进行更好的信息传播监管和舆情管理。

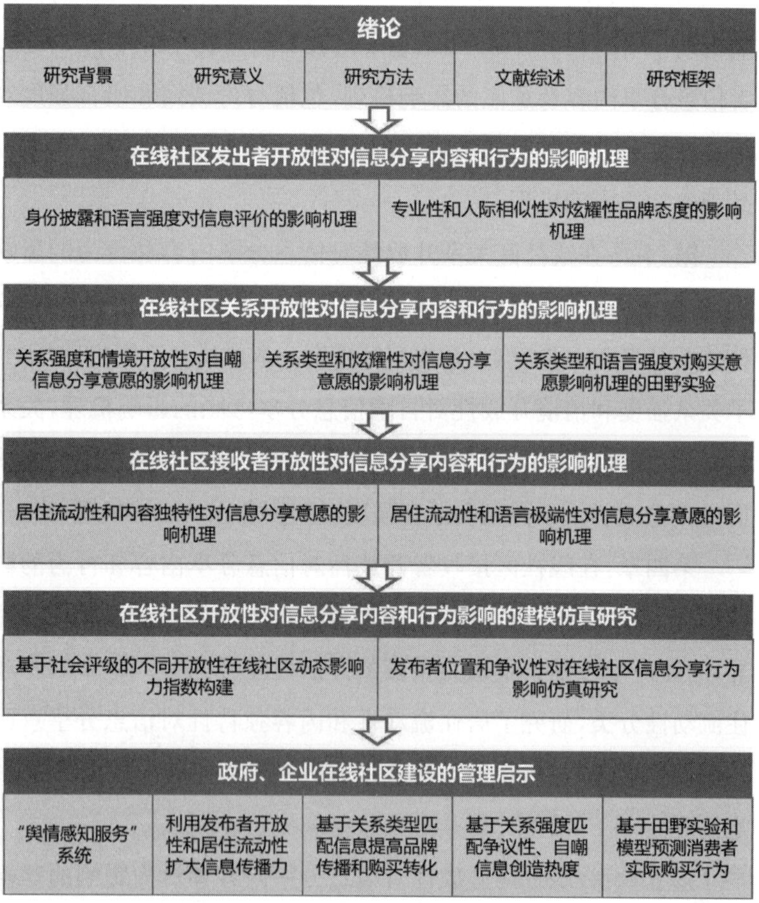

图 1－1　书目结构图

第二章　在线社区发出者开放性对信息分享内容和行为的影响机理

根据发出者—渠道关系—接收者的信息传播模型，从发出者视角将最先产生开放性差异，影响在线社区接收者的信息分享内容和行为，包括信息评价、信息分享意愿、品牌态度以及购买意愿等。研究发现，发出者身份披露（匿名/非匿名）、发出者专业性是重要的发出者开放性特征。在线社区中信息发出者是否披露自己的真实身份，发出者是否具有该领域专业性，均反映了信息发出者的开放程度，对接收者的信息分享内容和行为有重要影响。这种影响还受到相关信息特征的作用，因此本章加入语言强度、炫耀性等信息特征，研究了发出者开放性和信息特征对信息分享内容和行为的交互影响。

本章首先研究了发出者开放性——身份披露和语言强度对信息评价的交互影响及影响机理；其次研究了发出者开放性——专业性和人际相似性对炫耀性品牌态度的交互影响及影响机理。

2.1 发出者开放性—身份披露和语言强度对信息评价的影响机理

社交网络成为越来越普遍的信息交流分享平台。企业通过社交网络进行品牌推广和营销，消费者通过社交网络获取消费信息、进行品牌互动。

以往的研究发现，通常情况下，相比于弱势语言，强势语言的说服力更高(例如表达确定的宣传信息：我们产品有效解决头屑问题，感冒就用 999 感冒灵等；情绪强烈的促销信息，清仓价，仅此一家，你买不了吃亏买不了上当！今年过节不收礼，收礼只收脑白金！)。但观察发现，在社交网络上某些情境下，弱势语言的说服力反而更高(如在新媒体营销中，逐渐出现这种宣传语：这可能是本年度最好的福利；这个产品用起来感觉还不错吧；网络大 V 发表观点时，语气没有那么确定，给人中肯和严谨的感知，大家对信息的评价更高，更可信)。

强势/弱势语言对信息说服力的影响过程可能还有其他因素作用。本研究关注的即是，在社交网络这个平台中，什么情境下强势语言对说服力的正效应存在，什么情境下这种效应会消失甚至被逆反呢？

过往大多数文献研究了网络口碑的效应，并从信息分享者的动机、信息分享对象和信息分享渠道研究了信息分享内容和行为的前因，但截至目前还没有研究探讨语言强度对网络口碑评价的影响作用。在线社区开放性作为社会影响线索会影响消费者认知状态从而对消费者评价行为产生影响。因此本课题从社会影响的视角，研究语言强度和身份披露的交互影响机制，运用心理学实验方法，着重实现如下三个目标：(1)语言强度和身份披露的交互影响。利用实验分析方法，在社交媒体情境下，研究语言强度和情境因素(如发布者身份披露)对网络口碑说服力的交互影响。(2)揭示信息不调和的影响机理。研究结合网络口碑的网络情境特征探究语言强度对网络口碑说服力的影响解释机理——信息不调和。并基于中介机理进一步探究语言强度和身份披露对网络口碑说服力效应的边界条件，进一步收敛论证这一交互效应及中介机理。(3)提出针对企业、政府在线社区建设的建议。通过设计企业在线口碑传播策略促进企业品牌构建和销量提升，通过制定在线社区规范推进政府在线信息控制和信息管理水平。

2.1.1　文献回顾与研究假设

一、语言强度对说服力的影响研究

语言强度(Linguitic Powerfulness)是指信息在语言表达形式上的风格特征，强势语言是指那些语言表达较为肯定、确定及情绪较为强烈的语言(Ng 和 Bradac，1993；Bradac 等，2001；Hosman 等，2002)。弱势语言是指那些语言表达上较为犹豫、迟疑的语言(Hosman，1989)。相比于强势语言，弱势语言通常包含礼貌形式(Polite Form)、模糊限制语(Hedge)、疑问词(Tag)、犹豫的语气(Hesitation)等不确定的表达(Hosman 和 Siltanen，2011)。

对于语言强度的研究最早起源于对法庭上不同地位人群说话风格(Speech Style)的观察。在法庭上，低地位人群(如目击证人、被告)在说话的语言表达上，更多的包括模糊限制语(有点，一些)、犹豫语气(额，嗯哼)、礼貌形式(请，先生，女士)等特征，被概括为

是低语言强度的语言风格(Powerless Style),而高地位人群(如法官、律师)在陈述表达时,这些语言特征则比较少(Hosman,2002)。Blankenship 和 Holtgraves(2005)等学者界定和研究了低语言强度的不同表现形式,包括模糊限制语(Hedge)、疑问词(Tag)、疑问语气(Hesitation)等。Durik 等(2008)进一步丰富了语言强度的内涵,将低语言强度的模糊限制语形式(Hedge)从两个维度上进行了分类,一是模糊的位置(数据模糊/解释模糊),一是模糊的类型(通俗语言的模糊/专业语言的模糊)。Sparks 和 Areni(2008)进一步对语言强度的本质进行更清晰的界定,认为语言强度是信息类型(Message Type),相对的将论据质量界定为信息实质(Message Substance)。

在语言强度的效应研究上,过去大部分研究一致发现个体对强势语言的评价相比弱势语言更积极、更可信(Bradac 和 Street,1989/1990;Hosman 等,1989)。学者们进一步发现,弱势语言的一种——模糊限制语(例如可能、有点、大概等),会通过影响人们对语言及语言传播的评估减弱语言来源及语言的说服力(Gibbons 等,1991;Duric 等,2008;Hosman 和 Siltanen,2011)。然而,强势语言对说服力的正效应在一些研究中也出现了意外情况,如,语言强度对说服力的影响在语言采用录音形式展示时存在而在书写形式时失效(Sparks 等,1998),科学家对自己的研究表现出不确定时受到的评价更高(Jensen 等,2008)。

在语言强度说服力效应解释机理的研究上,Gibbons 等(1991)第一次使用 ELM 认知模型进行解释,指出语言强度对说服力并无影响,只通过影响被试对信息处理的过程(中心路线或者边缘路线)影响对演讲者的认知评价,对于高语言强度的演讲者评价更高。Sparks,Areni 和 Cox(1998)则证明了语言强度正效应，只是当信息是录音或者视频展示时成立，但是信息是书面展示时则无效应。Holtgraves 和 Lasky(1999)的研究结果同样表明语言强度和说服力之间存在正效应，对发布者评价和对信息感知是解释的中介变量，另外被试的干扰对效应不影响。类似的，Hosman，Huebner 和 Siltanen(2002)也论证了语言强度对说服力的正效应，但是没能证明语言强度是作为论据因素还是作为线索因素产生效应。Hosman 和 Siltanen(2006)提出了另一种解释机理，从对自己和他人的控制力角度阐释了语言强度对说服力的消音，高语言强度暗示了发布者对于他人的控制力，带来高的对发布者的评价和信息评价，高语言强度也暗示了发布者的自我控制力，而自我控制作为一种积极的品性也会给发布者带来更积极的评价。

Sparks 和 Areni(2008)基于 ELM 信息处理理论对语言强度影响说服力的机理做出了系统的探究和解释。首先，前人的研究在录音或者视频时效应才存在的原因，他们认为第一是录音和视频对信息的展示更突出，被试能处理语言强度的差异，所以效应才显著(Chaiken 和 Eagly，1976；1983)；第二是处理信息的能力/机会(Ability to Process Message Details)不一样，纸写的时候可以控制读的速度也可以反复前后看，录音的时候只能固定速度听一次。所以纸写的时候对信息的内容本质可以处理更多，使语言强度的影响弱化(Sparks 和 Areni，2002)。Sparks 和 Areni(2008)还对中心路线和边缘路线影响语言强度说服效应进行了论述，当被试信息处理能力低的时候，语言强度被当成边缘线索影响信息处理；当被试信息处理能力高的时候，语言强度会经过个体的深度处理形成偏见，例如演说者缺乏信心，结论则是一致的，高语言强度时说服力更高。

二、语言强度、身份披露、认知需求和网络口碑说服力

首先，总结前人研究可以发现，以往对语言强度研究的对象偏重于判决书等本身具有鲜明说服属性的信息，网络口碑属于分享属性信息。网络口碑作为一种信息，也具有语言强度这一属性。因此本课题将网络口碑作为语言强度的信息载体，研究语言强度对网络口碑说服力的影响。其次，本节认为在社交媒体情境下，语言强度对网络口碑说服力的影响还会受到交互情境因素（如发布者身份披露）的调节，因此本节将从情境视角，探寻语言强度和身份披露对网络口碑说服力的交互效应。然后，以往从 ELM 模型角度对于语言强度说服效应的解释仍然不能完全自洽，本节将结合网络口碑的网络情境特征探究语言强度对网络口碑说服力的影响解释机理。最后，本节将基于中介机理进一步探究语言强度和身份披露对网络口碑说服力效应的边界条件，进一步收敛论证这一交互效应及中介机理。

三、语言强度、身份披露对网络口碑说服力的交互效应

根据文献梳理，以往从信息特征角度研究影响网络口碑效应的因素，较多集中在网络口碑的内容属性，而信息的语言表达属性对口碑传播效应的影响研究较少。近年来学者开始关注这一领域的研究，从语言表达谦虚性（Packard 等，2012）、信息表达口吻（我 VS 我们）（Packard 和 Wooten，2013；Packard 等，2014）、语言复杂性（Packard 和 Wooten，2013）、对交流者的语言模仿（Moore 和 McFerran，2012）等语言表达属性对网络口碑传播效应的影响进行了研究，但还较少有研究涉及语言强度（Language Power）这一语言表达属性。

语言强度是指信息表达的形式或风格特征(Speech Style),强势语言是指那些语言表达较为肯定、确定及情绪较为强烈的语言(Ng 和 Bradac,1993;Bradac 等,2001;Hosman 等,2002)。弱势语言是指那些语言表达上较为犹豫、迟疑的语言(Hosman,1989)。网络口碑作为一种信息,也具有语言强度这一属性。语言强度同样会影响网络口碑的说服效应,另外网络口碑线上传播的属性也为其带来了更丰富的影响因素,因此本节认为语言强度对于网络口碑说服力的影响还将受到网络情境——身份披露的影响,即语言强度和身份披露会对网络口碑的说服力产生交互影响。

身份(Identity)是个体自我概念(Self-concept)的重要部分(Rosenberg,1986)。身份披露(Identity Disclosure)是指信息发出者是否披露了和个人身份相关的信息,如姓名、地址、照片、年龄、性别等(Maddux 和 Rogers,1980;Fogg 等,2001;Forman 等,2008),身份披露可分为匿名的(Anonymous),即不披露相关身份信息,和非匿名的(Identifiable),即披露相关身份信息(如名字和照片)。互联网为用户提供了匿名发布信息的便利性,人们倾向于在网上进行匿名的信息发布和讨论(Swidey 等,2010)。身份披露将通过影响接收者对于发布者特征的感知,从而影响接收者对网络口碑的信息处理和评价。

本节认为,身份披露这一情境变量会通过影响个体的认知处理过程,从而调节语言强度对网络口碑说服力的影响效应。根据信息不调和理论(Informational Incongruity),在匿名情况下,网络口碑高语言强度属性匹配发布者匿名特征相比于低语言强度匹配匿名,个体感知到更高的信息不调和,从而对网络口碑的认知处理更加精细化,因此高语言强度网络口碑的说服力相比低语言强度更高;在非匿名情况下,网络口碑的低语言强度属性匹配发布者非匿名特征相比于高语言强度匹配非匿名，个体感知到更高的信息不调和，从而对网络口碑的认知处理更加精细化，因此低语言强度网络口碑的说服力相比高语言强度更高。

据此提出以下假设：

H_1：身份披露调节、语言强度对信息评价的影响；

H_{1a}：在发布者匿名情况下，相比于低语言强度网络口碑，个体对高语言强度网络口碑的信息评价更高；

H_{1b}：在发布者非匿名的情况下，相比于高语言强度网络口碑，个体对低语言强度网络口碑的信息评价更高。

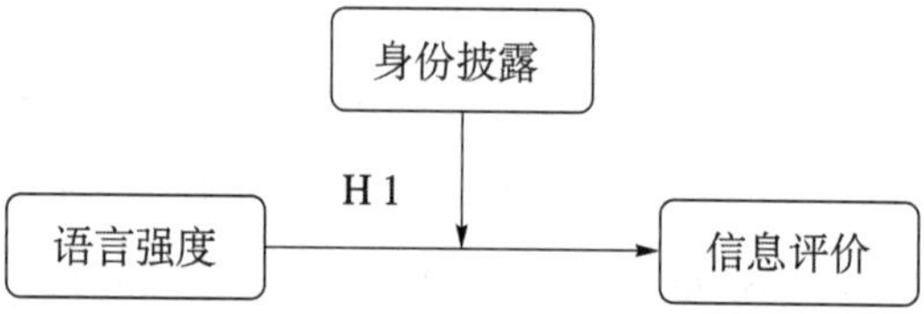

图 2－1　语言强度和身份披露对网络口碑说服力的交互效应
Fig. 2－1　The interaction effect of linguistic powerfulness and identity disclosure on eWOM persuasion

四、中介机理——信息不调和理论

学者们很早就采用信息不调和理论（Informational Incongruity）对个体的信息处理过程进行研究和解释。Baker 和 Petty（1994）通过研究不同信息源特征（多数人 VS 少数人，支持态度 VS 反对态度）对信息说服力的影响发现，在信息源特征不调和的情况下（多数人反对、少数人支持），个体的信息处理更深入，产生更多和信息相关的想法，无论是强论据信息弱论据信息，相比于调和的情况说服力都更高。Ziegler 等（2004）的研究更进一步。他们操控了更多的信息源特征(Expert VS Nonexpert,Likeable VS Dislikeable, Honest VS Dishonest),发现信息不调和均能带来更高的认知处理,从而正向影响说服力。在信息源特征不调和的时候,强论据信息比弱论据信息说服力更高;在信息源特征一致的时候,强论据信息比弱论据信息说服力无差异。实验中控制了被试对于信息对象的相关度,被试的惊讶程度及认知反应程度是中介变量。

Karmarkar 和 Petty(2010)正式提出了信息不调和理论(Informational Incongruity)。不同于前人在解释信息不调和时,对比的均是发布者特征因素,他们则通过匹配发布者权威性和信息的确定性,发现形成信息的不调和,影响个体认知深度,进而影响说服力。根据 ELM(Petty 和 Cacioppo,1986)和 HSM(Chaiken 等,1989)认知处理理论,当人们对所接受信息的各种说服性因素感知到不调和时,倾向于对信息更深度、更精细化的处理。这是因为对信息感知的不调和违背了个体的感知期望,使个体感到意外,提高卷入度,从而促进认知处理精细化。而认知精细化则会相应的促进信息的说服力(Petty 和 Cacioppo,1979,1986;Petty 等,1981;Petty 等,1983)。

本节认为,身份披露是发布者特征,语言强度是网络口碑信息的形式特征,两者对于网络口碑说服力的交互影响也服从信息不调和理论。首先,在发布者身份披露及网络口碑语言强度的匹配不调和的时候(实名/低语言强度,匿名/高语言强度),相比于调和的情况(实名/高语言强度,匿名/低语言强度),信息接收者感到更意外和惊讶,感知到更高的期望违背(Expectancy Violation)。其次,更高的期望违背使得个体的信息处理更加精细化,从而使得网络口碑的说服力更高(Baker 和 Petty,1994;Ziegler 等,2002;Karmarkar 和 Petty,2010)。

据此提出以下假设：

H_2：期望违背是语言强度和身份披露交互影响网络口碑说服力的中介变量。

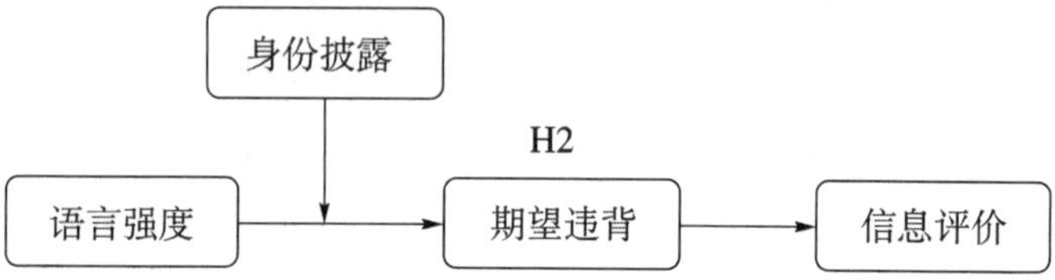

图 2-2 语言强度和身份披露影响网络口碑说服力的中介机理

Fig. 2-2 The mediation mechanism of linguistic powerfulness and identity disclosure on eWOM persuasion

五、交互效应的边界——认知需求

认知需求(Need For Cognition，简称 NFC)是指个体参与和享受思考的倾向(Cacioppo 和 Petty，1982；Cacioppo 等，1984)，即个体在面对认知任务时，是否愿意主动思考，以及是否喜欢思考。本节认为，认知需求将调节语言强度和身份披露对网络口碑说服力的交互影响，身份披露对语言强度影响网络口碑说服力的调节效应在认知需求的影响下将失效。

根据前文对于交互效应中介机理的解释，语言强度和身份披露对网络口碑说服力影响是通过期望违背和认知精细化路径实现的。认知需求是认知精细化程度差异的前提，只有在个体认知需求较高时，才会被情境因素影响产生不同的认知处理深度，语言强度和身份披露对网络口碑说服力的效应存在；而在个体认知需求低的情况下，个体对网络口碑的认知处理均处于较低水平，语言强度和身份披露对网络口碑说服力的影响则失效。

据此，提出以下假设：

H_3：认知需求调节语言强度和身份披露对信息评价的交互作用；

H_{3a}：在个体认知需求高的情况下，身份披露的调节效应存在，即语言强度和身份披露对信息评价的交互效应成立；

H_{3b}：在个体认知需求低的情况下，身份披露的调节效应失效，即语言强度和身份披露对信息评价的交互效应不存在。

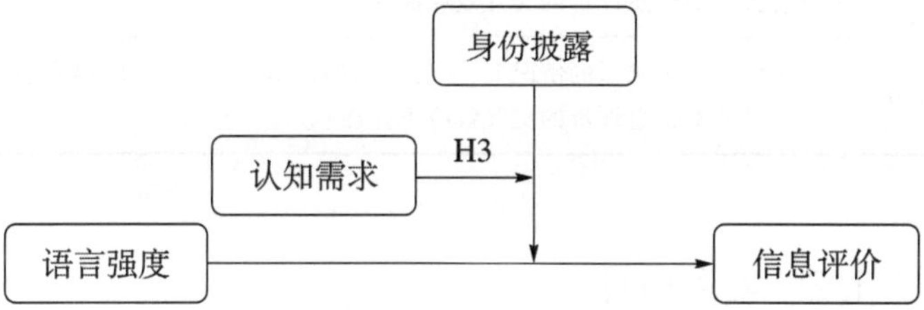

图 2-3　语言强度和身份披露交互影响网络口碑说服力的边界条件

Fig. 2-3　The boundary condition of linguistic powerfulness and identity disclosure on eWOM persuasion

六、假设研究框架

根据前文的文献研究及假设推理，形成本节以下的假设框架体系。后文将对三个假设分别进行实验验证。

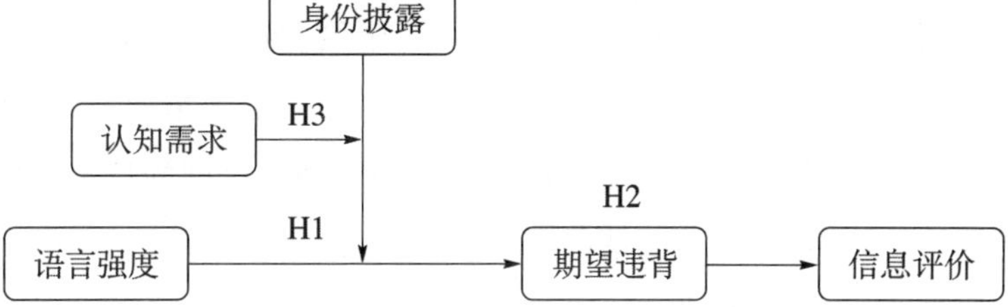

图 2-4　本节研究假设框架

Fig. 2-4　The hypothesis framework

表 2-1 研究假设汇总
Table 2-1 The summarize of the hypotheses

编号	假设
H1a	在发布者匿名情况下,相比于低语言强度网络口碑,个体对高语言强度网络口碑的信息评价更高
H1b	在发布者非匿名的情况下,相比于高语言强度网络口碑,个体对低语言强度网络口碑的信息评价更高
H2	期望违背是语言强度和身份披露交互影响网络口碑说服力的中介变量
H3a	在个体认知需求高的情况下,身份披露的调节效应存在,即语言强度和身份披露对信息评价的交互效应成立
H3b	在个体认知需求低的情况下,身份披露的调节效应失效,即语言强度和身份披露对信息评价的交互效应不存在

2.1.2 实验研究

通过三个实验对上文的假设进行逐步验证。实验一探究语言强度、身份披露对网络口碑说服力的交互效应;实验二探究语言强度、身份披露对网络口碑说服力交互影响的中介机理;实验三探究语言强度、身份披露对网络口碑说服力交互影响的边界条件。

一、实验一:语言强度、身份披露对网络口碑说服力的交互效应

(一) 实验思路

实验一的主要目的是为了研究语言强度、身份披露对网络口碑说服力的交互效应,验证假设一,即在发布者匿名情况下,相比于低语言强度网络口碑,个体对高语言强度网络口碑的信息评价更高;在发布者非匿名的情况下,相比于高语言强度网络口碑,个体对低语言强度网络口碑的信息评价更高。

因此,实验一设计为 2(语言强度:高 vs 低)×2(身份披露:匿

名 vs 非匿名)的组间实验。被试被随机分配到实验的四组中,分别接受自变量不同水平和调节变量不同水平的启动,然后被试将浏览我们设计的网络口碑信息并测量因变量信息评价,接着被试会接受网络口碑强度和身份披露的操控检验,最后是人口统计信息的采集。

(二) 实验操控

1. 语言强度操控

实验一采用新浪微博平台上发布文字信息状态的截图作为网络口碑,选择虚拟品牌 Thymol M320 的手机作为实验刺激物,并参考以往文献对强势语言/弱势语言的描述对网络口碑进行语言强度的操控(Hosman,2002;Sparks 和 Areni,2008;Hosman 和 Siltanen,2011)。高语言强度网络口碑:"最近有一款新推出叫做 Thymol M320 的手机,采用高效四核 CPU,打开 APP 的平均用时 3 秒即可;机身轻薄,5.7 寸的大屏幕以及高分辨率,屏幕的触感毫无疑问很好;前后摄像头的像素分别有 600 万与 1500 万,拍照效果非常好;手机内置音响带有高保真效果,外放音质特别好;电池容量大,完全可以待机 7 天,整体性价比非常高。"低语言强度网络口碑:"最近有一款新推出叫做 Thymol M320 的手机,采用高效四核 CPU,我觉得打开 APP 的平均用时可以在 3 秒内;机身轻薄,5.7 寸的大屏幕以及高分辨率,屏幕的触感应该挺好;前后摄像头的像素分别有 600 万与 1500 万,拍照效果可能还不错;手机内置音响带有高保真效果,也许外放音质还不错;电池容量大,我觉得可以待机 7 天,我认为整体性价比高。"

2. 身份披露操控

身份披露的操控表现在网络口碑发布者的微博昵称和头像差异,在匿名组,采用微博昵称为"土豆哥"且无头像的用户发布设计的网络口碑信息；在非匿名组，采用微博昵称为“林国栋”且带有真人头像的用户发布设计的网络口碑信息（真人用户图片经本人同意授权使用）。

3. 信息评价

信息评价采用李克特 9 级量表（1＝非常不同意，9＝非常同意）对四个问项进行测量并取均值（Winter 等，2014），分别是：“这条信息是可信的”、“这条信息是高质量的”、“这条信息表达的很好”、“这条信息很有用”。

4. 网络口碑强度操控检验

采用李克特 9 级量表（1＝非常不同意，9＝非常同意）对两个问项进行测量并取均值：“这条信息表达是含糊的”、“这条信息表达是犹豫的”（α＝.81）。

5. 身份披露操控

采用李克特 9 级量表（1＝实名，9＝匿名）对一个问项进行测量：“请问您觉得这个用户是匿名的吗？”。

（三）实验过程

1. 实验方式

本实验采用在线调查问卷方式，被试可在自己或者实验人员提供的电子设备（电脑、平板、手机等）上完成本次实验问卷的填写。

2. 被试选择

本次实验被试的选择均为上海某高校学生，包括本科及研究生同学。

3. 实验准备

首先，因为本次实验形式是在线问卷，实验人员首先要准备足够数量的平板电脑以备使用；其次，为了提高被试参加实验的积极性，保证被试完成实验问卷的认真程度，本次实验为有偿实验，为每位参加实验的同学提供精美的礼品一份。实验进行前，实验人员首先进行了礼品的采购，以供使用。

4. 实验实施

本次实验的具体实施是组织实验人员携带电子设备前往上海某高校图书馆，在征得同学同意的情况下，监督同学们完成在线问卷，并发放精美礼品一份。

（四）结果分析

1. 筛选有效问卷

在线问卷收集完成后，首先对问卷进行了初步的整理筛选。将在线问卷系统中的问卷数据以 Excel 的形式下载到电脑上，对在线问卷进行初步的问项编码和整理。本课题采用 SPSS21.0 版本作为统计分析软件，EXCEL 格式数据整理完成后转化为 SPSS 统计软件可识别的数据格式并导入，进行初步的处理筛选。发现有两份为无效问卷（一份年龄缺失、一份问项打分全部相同），为避免无效问卷影响最终的实验结果，将这两份问卷的数据予以剔除。最后共回收 148 份有效问卷，其中男性 115 人，女性 33 人（年龄均值＝22.22，SD＝2.78）。

2. 实验结果分析

1）操控检验：将感知语言强度为因变量，语言强度和身份披露为自变量进行方差分析。结果显示语言强度对感知语言强度的主效应显著（$F(1,144)=6.28$；$p=.01$，$\eta_p^2=.04$），个体对高语言强度网络口碑的打分（M＝3.74，SD＝1.98）相比于低语言强度网络口碑更高（M＝4.57，SD＝1.99）；不存在对身份披露对感知语言强度的主效应以及语言强度和身份披露对感知语言强度的交互效应（F＜1）。同理进行身份披露的操控检验，方差分析结果显示身份披露对身份匿名感知存在主效应（$F(1,144)=90.81$, $p<.01$, $\eta_p^2=.38$），个体对匿名操控的打分（M＝7.37，SD＝2.33）相比于实名操控更高（M＝3.60，SD＝2.48）；不存在其他主效应及交互效应（F＜1）。

2）信息评价：首先对信息评价的四个问项进行主成分因子分析（α＝.86），求平均作为信息评价的测量值。然后，将信息评价作为因变量，语言强度和身份披露作为自变量进行方差分析。结果显示，均不存在主效应（F's＜1），交互效应显著（$F(1,144)=8.89$, $p<.01$, $\eta_p^2=.06$）。如图 4－1 所示，进一步分解交互效应，在匿名情况下，个体对高语言强度网络口碑的信息评价（M＝4.43，SD＝1.73）高于低语言强度网络口碑（M＝3.65，SD＝1.49）（$F(1,144)=4.22$, $p=.04$, $\eta_p^2=.28$）；在非匿名情况下，个体对低语言强度网络口碑的信息评价（M＝4.73，SD＝1.66）高于高语言强度网络口碑（M＝3.89，SD＝1.70）（$F(1,144)=4.68$, $p=.03$, $\eta_p^2=.03$）。假设 1 得到验证。

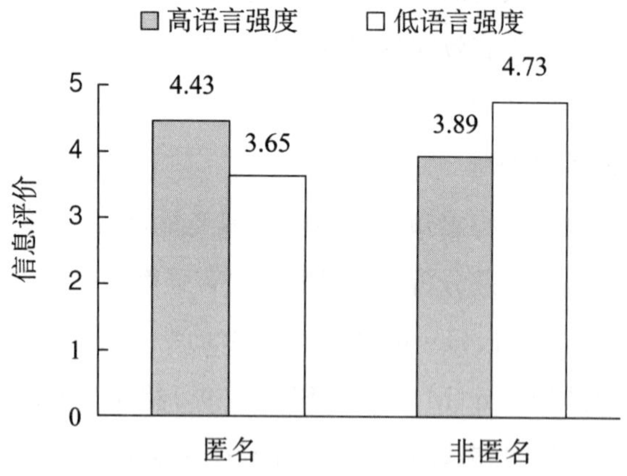

图 2－5 实验一结果
Fig. 2－5 The results of study 1

（五）实验讨论

实验一采用心理实验的方法，通过对网络口碑的语言强度和信息发布者身份披露的操纵、网络口碑信息评价的测量，发现了语言强度和身份披露对网络口碑的交互效应，验证了假设一：在发布者匿名情况下，相比于低语言强度网络口碑，个体对高语言强度网络口碑的信息评价更高；在发布者非匿名的情况下，相比于高语言强度网络口碑，个体对低语言强度网络口碑的信息评价更高。

实验一也存在一些不足，首先实验一仅验证了语言强度和身份披露对网络口碑说服力的交互效应，但交互效应背后的解释机理并未探究清楚，将在实验二进行重点研究；其次，实验一选择微博作为网络口碑发布的在线社区，不具有普适性，后面需要选择多种类的在线社区进行实验；再次，实验一的刺激物为电子产品——手机，而网络口碑的内涵包括所有和产品/服务相关的消费信息分享，后面也需要选择其他类型的产品/服务提高研究的普适性；最后，实验一对身份披露的操控也存在可以改进的地方。

二、实验二：信息不调和的中介作用

（一）实验思路

实验一完成了对假设一的验证，证明了语言强度和身份披露对网络口碑说服力的交互效应，但是还未研究这一交互效应的解释机理。因此实验二的主要目的是为了探究交互效应的中介解释机理，即本课题的假设二：期望违背是语言强度和身份披露交互影响网络口碑说服力的中介变量。

实验一采用新浪微博作为网络口碑的信息发布平台，为了提高对在线社区网络口碑研究的普适性，实验二将信息发布平台更改为美食点评网站——大众点评。另外，实验一刺激物采用的为虚拟电子产品——手机，实验二将刺激物更改为产品和服务一体的餐饮体验。

实验二同样设计为2（语言强度：高 vs 低）×2（身份披露：匿名 vs 非匿名）的组间实验。被试被随机分配到实验的四组中，分别接受自变量不同水平和调节变量不同水平的启动，然后被试将浏览我们设计的网络口碑信息并测量因变量信息评价，接着是期望违背的中介测量，再执行网络口碑强度和身份披露的操控检验，最后是人口统计信息的采集。

（二）实验操控

1. 语言强度操控

实验二以大众点评平台上发布文字信息状态的截图作为网络口碑，将刺激物更换为日料餐厅，并参考以往文献对强势语言/弱势语言的描述重新编写了网络口碑（Hosman，2002；Sparks 和 Areni，2008；Hosman 和 Siltanen，2011；Winter，2014）。高语言强度网络口碑："昨天刚拔草了这家日本料理店，总体感觉特别好！餐厅很大，采用暖色系灯光，非常优雅静谧；点单式自助，服务员非常热情，响应速度很快；海鲜料理（三文鱼、鳌虾、鳕鱼等）非常新鲜，而且量很足，装盘十分精致美观，吃起来味道很好；另外价格超级亲民，这个价格加菜品加服务，毫无疑问是非常划算的。"低语言强度网络口碑："昨天刚拔草了这家日本料理店，总体感觉还不错。餐厅挺大，采用暖色系灯光，比较优雅静谧；点单式自助，服务员还算热情，响应速度比较快；海鲜料理（三文鱼、鳌虾、鳕鱼等）装盘精致美观，看起来新鲜，量还算足，我觉得吃起来味道也还不错；另外价格比较亲民，这个价格加菜品加服务，应该比较划算。"

2. 身份披露操控

身份披露的操控表现在网络口碑发布者的昵称和头像差异。

实验一对匿名的操控为昵称“土豆哥”＋“空白头像”，但是“土豆哥”昵称本身带有一定的联想属性，不同被试评价可能出现效价的差异，因此实验二中非匿名的昵称操控更改为“用户838384766”；另外为了使网络口碑的设计更接近在线社区用户的真实信息交互，显得更加自然和真实，实验二将匿名组的头像更改为风景头像。

因此实验二在匿名组，采用大众点评的昵称为“用户838384766”且头像为风景的用户发布设计的网络口碑信息；在非匿名组，采用大众点评的昵称为“陈琦”且带有真人头像的用户发布设计的网络口碑信息(真人用户图片经本人同意授权使用)。

3. 信息评价

信息评价采用李克特9级量表(1＝非常不同意，9＝非常同意)对四个问项进行测量并取均值(Winter等，2014)，分别是：“这条信息是可信的”、“这条信息是高质量的”、“这条信息表达的很好”、“这条信息很有用”(α＝.95)。

4. 期望违背中介测量

不调和中介采用李克特9级量表共二个问项进行测量并取均值(Karmarkar和Petty，2010)，分别是“考虑到这位用户的身份披露状态，请问您对这位用户发布这样的信息感到惊讶吗？(1＝一点也不惊讶，9＝非常惊讶)”、“考虑到这位用户的身份披露状态，请问您对这位用户发布这样的信息感到出乎意料吗？(1＝一点也不出乎意料，9＝非常出乎意料)”(α＝.98)。

5. 网络口碑强度操控检验

采用李克特9级量表(1＝非常不同意，9＝非常同意)对两个问项进行测量并取均值：“这条信息表达是含糊的”、“这条信息表达是犹豫的”(α＝.87)。

6. 身份披露操控

采用李克特 9 级量表(1＝实名，9＝匿名)对一个问项进行测量:“请问您觉得这个用户是匿名的吗?”。

(三) 实验过程

1. 实验方式

本实验采用在线调查问卷方式，被试可在自己或者实验人员提供的电子设备(电脑、平板、手机等)上完成本次实验问卷的填写。

2. 被试选择

本次实验被试的选择均为上海某高校学生，包括本科及研究生同学。

3. 实验准备

首先，因为本次实验形式是在线问卷，实验人员首先要准备足够数量的平板电脑以备使用；其次，为了提高被试参加实验的积极性，保证被试完成实验问卷的认真程度，本次实验为有偿实验，为每位参加实验的同学提供精美的礼品一份。实验进行前，实验人员进行了礼品的采购，以供使用。

4. 实验实施

本次实验的具体实施是组织实验人员携带电子设备前往上海某高校图书馆，在征得同学同意的情况下，监督同学们完成在线问卷，并发放精美礼品一份。

(四) 结果分析

1. 筛选有效问卷

在线问卷收集完成后，首先对问卷进行了初步的整理筛选。将在线问卷系统中的问卷数据以 Excel 的形式下载到电脑上，对在线问卷进行初步的问项编码和整理。本课题采用 SPSS21.0 版本作为统计分析软件，EXCEL 格式数据整理完成后转化为 SPSS 统计软件可识别的数据格式并导入，进行初步的处理筛选。发现有五份为无效问卷（五份问卷未完成），为避免无效问卷影响最终的实验结果，将这五份问卷的数据予以剔除。最后共回收 107 份有效问卷，其中男性 56 人，女性 51 人（年龄均值＝20.88，SD＝2.24）。

2. 实验结果分析

1） 操控检验：将感知语言强度为因变量，语言强度和身份披露为自变量进行方差分析。结果显示语言强度对感知语言强度的主效应显著（F(1,103)＝43.45；p＜.001，η_p^2＝.30)，个体对高语言强度网络口碑的打分(M＝6.93，SD＝1.87)相比于低语言强度网络口碑更高(M＝4.17，SD＝2.19)；不存在对身份披露对感知语言强度的主效应以及语言强度和身份披露对感知语言强度的交互效应(F＜1)。同理进行身份披露的操控检验，方差分析结果显示身份披露对身份匿名感知存在主效应（F(1,103)＝143.67，p＜.001，η_p^2＝.58)，个体对匿名操控的打分（M＝2.43，SD＝2.05)相比于实名操控更高(M＝7.31，SD＝2.21)；不存在其他主效应及交互效应(F＜1)。

2） 信息评价：将信息评价作为因变量，语言强度和身份披露作为自变量进行方差分析。结果显示，均不存在主效应(F's＜1)，交互效应显著(F(1,103)＝8.51，p＜.004，η_p^2＝.76)。如图 2－6 所示，进一步分解交互效应，在匿名情况下，个体对高语言强度网络口碑的信息评价(M＝5.84，SD＝1.90)高于低语言强度网络口碑（M＝4.76，SD＝1.35)（$F(1,103)=4.26$，$p=.04$，η_p^2＝.04)；在非匿名情况下，个体对低语言强度网络口碑的信息评价(M＝6.16，SD＝1.99)高于高语言强度网络口碑(M＝

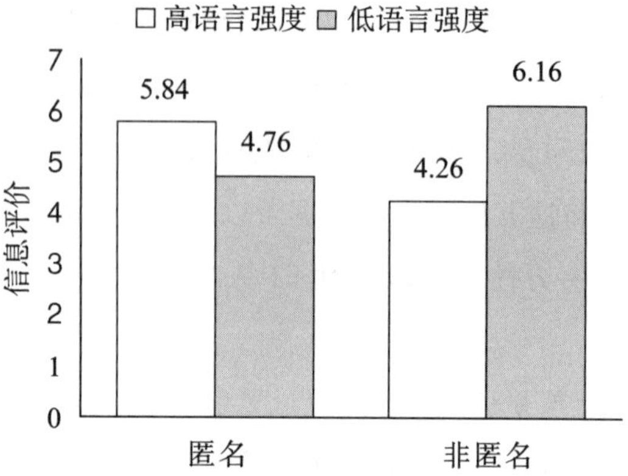

图 2-6　实验二结果
Fig. 2-6　The results of study 2

4.76，SD=1.91）（$F(1,103)=4.25$，p=.04，$\eta_p^2=.04$）。假设 1 得到验证。

3）调节中介分析：为了验证违背预期是语言强度和身份披露对网络口碑评价的交互影响机理。本课题应用 Preacher，Rucker and Hayes（2007，模型 8）进行了调节中介的分析，采用 5000 样本的重复抽样来估计模型，结果表明，在中介模型中，语言强度×身份披露交互预测了违背预期（B=4.09，t=4.06，p=.001）。如图 2-7 所示，在因变量模型中，违背预期预测了信息评价（B=.20，t=2.85，p=.01）语言强度×身份披露交互预测了违背预期（B=1.38，t=1.74，NS）。在匿名身份条件下，违背预期是语言强度对网络口碑的中介（间接影响的效应是−.31，95%置信区间不包括 0[−.77，−.04]）。在实名身份条件下，违背预期是语言强度对网络口碑的中介（间接影响的效应是.53，95%置信区间不包括 0[.13，1.23]）。进一步，高阶的交互影响的间接效应是显著的（效应是.84，95%置信区间不包括 0[.24，1.77]），这验证了违背预期的中介机理。

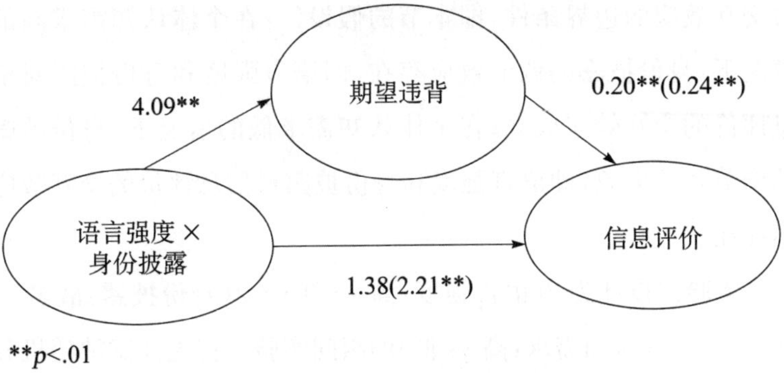

图 2－7　实验二中介结果
Fig. 2－7　The mediation results of study 2

（五）实验讨论

实验二通过对网络口碑的语言强度和信息发布者身份披露的操纵、网络口碑信息评价的测量、期望违背的测量，发现了语言强度和身份披露交互影响网络口碑的中介机理，验证了假设二：期望违背是语言强度和身份披露交互影响网络口碑说服力的中介变量。在语言强度和身份披露的匹配不调和时（实名/低语言强度，匿名/高语言强度），相比于调和时（实名/高语言强度，匿名/低语言强度），信息接收者感到更意外和惊讶，感知到更高的期望违背，使得个体的信息处理更加精细化，从而正向影响网络口碑的说服力。

实验一和实验二分别探究了语言强度和身份披露对网络口碑说服力的交互效应及其中介机理，但这种交互效应会一直存在吗？什么情况下交互效应会消失，边界条件是什么呢？实验三将对交互效应的边界条件进行探究。

三、实验三：交互效应的边界条件——认知需求

（一）实验思路

实验三将进一步探究语言强度和身份披露对网络口碑说服

力交互效应的边界条件，即本节的假设三：在个体认知需求高的情况下，身份披露的调节效应存在，即语言强度和身份披露对信息评价的交互效应成立；在个体认知需求低的情况下，身份披露的调节效应失效，即语言强度和身份披露对信息评价的交互效应不存在。

实验三设计为2(语言强度：高 vs 低)×2(身份披露：匿名 vs 非匿名)×2(认知需求：高 vs 低)的组间实验。首先被试被随机分配到实验2(语言强度：高 vs 低)×2(身份披露：匿名 vs 非匿名)的四组中，分别接受自变量不同水平和调节变量不同水平的启动，然后给被试浏览我们设计的网络口碑信息并测量因变量信息评价，接着进行被试认知需求的测量，然后进行网络口碑强度和身份披露的操控检验，最后进行人口统计信息的采集。

（二）实验操控

1. 语言强度操控

实验三继续采用新浪微博平台上发布文字信息状态的截图作为网络口碑，将刺激物更换为了虚拟品牌的MAX 560电脑，并参考以往文献对强势语言/弱势语言的描述重新编写了网络口碑(Hosman，2002；Sparks 和 Areni，2008；Hosman 和 Siltanen，2011；Winter，2014)。高语言强度网络口碑："最近买了一款新出的MAX 560商务笔记本，总体感觉特别好！屏幕分辨率高、色彩逼真，加上超窄的边框设计，感觉非常惊艳；高配的i7CPU处理器，响应速度非常快，毫无疑问足够办公使用；重量小、厚度薄，外出携带很轻便；外放音质浑厚音量大，效果超好；电池容量大，完全可以待机5个小时以上。"低语言强度网络口碑："最近买了一款新出的MAX 560商务笔记本，总体感觉还不错。屏幕分辨率高、色彩逼真，加上窄的边框设计，感觉有些惊艳；高配的i7CPU处理器，响应速度比较快，应该足够办公使用；重量小、厚度薄，外出携带应该挺轻便的；外放音质浑厚音量大，效果比较好；电池容量50WH，也许可以待机到5个小时以上。”

2. 身份披露操控

身份披露的操控表现在网络口碑发布者的微博昵称和头像差异。为了提高操控的普适性和降低操控的其他因素干扰，实验二中将非匿名的昵称操控更改为“用户838384766”，将匿名组的头像更改为风景头像，实验三沿用实验二的操控方式。因此实验三在匿名组，采用微博昵称为“用户30892388”且头像为风景（不同于实验二的风景）的用户发布设计的网络口碑信息；在非匿名组，采用微博昵称为“张天瑜”且带有真人头像的用户发布设计的网络口碑信息（真人用户图片经本人同意授权使用）。

3. 信息评价测量

信息评价采用李克特9级量表（1＝非常不同意，9＝非常同意）对四个问项进行测量并取均值（Winter，2014），分别是：“这条信息是可信的”、“这条信息是高质量的”、“这条信息表达的很好”、“这条信息很有用”（α＝.89）。

4. 认知需求测量

认知需求为被试的心理特征变量，本节采用李克特9级量表（1＝非常不同意，9＝非常同意）对5个问项进行测量并取均值（Cacioppo和Petty，1982）：“我喜欢复杂而不是简单问题”、“靠着思考能力争上游的想法很吸引我”、“相比于一些重要却不需要太多思考的任务，我更喜欢接受那些重要的、困难和需要智力的任务”、“当完成一项需要耗费许多脑力劳动的任务之后，相比于满足我更感到是一种解脱（反向计分）”、“我只在乎完成工作，而不在乎怎么完成工作”。

5. 网络口碑强度操控检验

采用李克特9级量表（1＝非常不同意，9＝非常同意）对两个问项进行测量并取均值：“这条信息表达是含糊的”、“这条信息表达是犹豫的”（α＝.84）。

6. 身份披露操控

采用李克特9级量表（1＝实名，9＝匿名）对一个问项进行测量：“请问您觉得这个用户是匿名的吗？”。

（三）实验过程

1. 实验方式

本实验采用在线调查问卷方式，被试可在自己或者实验人员提供的电子设备（电脑、平板、手机等）上完成本次实验问卷的填写。

2. 被试选择

本次实验被试的选择均为上海某高校学生，包括本科及研究生同学。

3. 实验准备

首先，因为本次实验形式是在线问卷，实验人员首先要准备足够数量的平板电脑以备使用；其次，为了提高被试参加实验的积极性，保证被试完成实验问卷的认真程度，本次实验为有偿实验，为每位参加实验的同学提供精美的礼品一份。实验进行前，实验人员首先进行了礼品的采购，以供使用。

4. 实验实施

本次实验的具体实施是组织实验人员携带电子设备前往上海某高校图书馆，在征得同学同意的情况下，监督同学们完成在线问卷，并发放精美礼品一份。

（四）结果分析

1. 筛选有效问卷

在线问卷收集完成后，首先对问卷进行了初步的整理筛选。将在线问卷系统中的问卷数据以 Excel 的形式下载到电脑上，对在线问卷进行初步的问项编码和整理。本课题采用 SPSS21.0 版本作为统计分析软件，Excel 格式数据整理完成后转化为 SPSS 统计软件可识别的数据格式并导入，进行初步的处理筛选。发现有四份为无效问卷（问卷未完成），为避免无效问卷影响最终的实验结果，将这四份问卷的数据予以剔除。最后共回收 119 份有效问卷，其中男性 99 人，女性 20 人（年龄均值＝21.96，SD＝2.97）。

2. 实验结果分析

1）操控检验：将感知语言强度为因变量，语言强度和身份披露为自变量进行方差分析。结果显示语言强度对感知语言强度的主效应显著（$F(1,115)=6.81$；$p=.01$，$\eta_p^2=.06$），个体对高语言强度网络口碑的打分（$M=3.47$，SD＝1.80）相比于低语言强度网络口碑更高（$M=4.42$，SD＝2.20）；不存在身份披露对感知语言强度的主效应（$F<1$）以及语言强度和身份披露对感知语言强度的交互效应（$F(1,115)=2.19$；$p>.1$，$\eta_p^2=.02$）。同理进行身份披露的操控检验，方差分析结果显示身份披露对身份匿名感知存在主效应（$F(1,115)=54.94$，$p<.01$，$\eta_p^2=.32$），个体对匿名操控的打分（$M=7.07$，SD＝2.42）相比于实名操控更高（$M=3.69$，SD＝2.51）；不存在其他主效应及交互效应（$F<1$）。

2）认知需求：认知需求测量的 5 个问项同样处理，汇总求平均（其中一个进行反向计分，$\alpha=.84$）作为认知需求测量值，Mean＝4.36，SD＝1.69，整体分布较为合理。

3）信息评价：首先对信息评价的四个问项进行主成分因子分

析(α=.86),求平均作为信息评价的测量值。由于认知需求是连续变量,本节参照 Preacher,Rucker 和 Hayes(2007,model 3)进行 2×2×2 的数据处理,将信息评价作为因变量,语言强度(−1=高语言强度,1=低语言强度),身份披露(−1=匿名,1=非匿名),将认知需求(均值中心化),三者交互作为自变量进行分析。分析结果表明,三阶交互显著($\beta=.23$,$t=2.45$,$p=.02$),本节接着用简单斜率分析语言强度对网络口碑评价的影响效应。对于高认知需求的消费者,如图 2－8 所示,在匿名情况下,个体对高语言强度网络口碑的信息评价高于低语言强度网络口碑($\beta=-1.03$,$t=-2.03$,$p=.04$);在非匿名情况下,个体对低语言强度网络口碑的信息评价高于高语言强度网络口碑($t=2.73$,$p=.007$)。然而,正如假设所言,如图 2－9 所示,低认知需求的消费者,在匿名($\beta=.01$,$|t|<1$)和实名($\beta=.01$,$|t|<1$)情境下,语言强度对网络口碑的影响效应无差异。

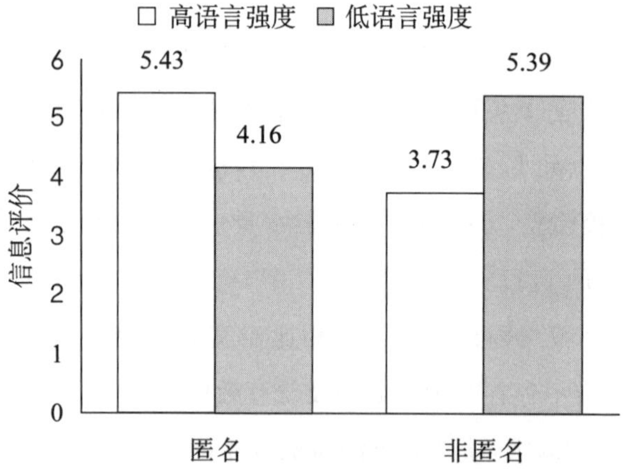

图 2－8　实验三结果(高认知需求)
Fig. 2－8　The results of study 3
(high need for cognition)

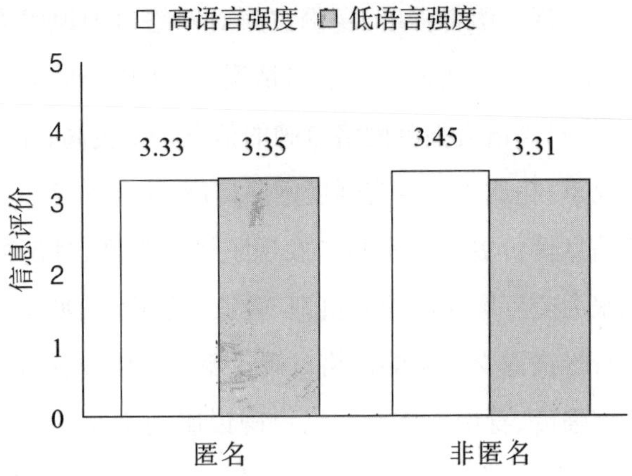

图 2-9　实验三结果(低认知需求)
Fig. 2-9　The results of study 3
(low need for cognition)

(五) 实验讨论

实验三通过对网络口碑的语言强度和信息发布者身份披露的操纵、网络口碑信息评价的测量、认知需求的测量,发现了语言强度和身份披露交互影响网络口碑的边界条件,验证了假设三:在个体认知需求高的情况下,身份披露的调节效应存在,即语言强度和身份披露对信息评价的交互效应成立;在个体认知需求低的情况下,身份披露的调节效应失效,即语言强度和身份披露对信息评价的交互效应不存在。

实验三发现了语言强度和身份披露对网络口碑说服力交互效应的边界条件——认知需求,进一步收敛验证了交互效应的中介机理。高的认知需求是产生认知精细化差异的前提,语言强度和身份披露对网络口碑说服力的影响是通过期望违背、认知精细化路径实现的,所以在个体认知需求低的情况下,这种交互效应就消失了。

实验一发现了语言强度、身份披露对网络口碑说服力的交互效应，验证了假设一：在发布者匿名情况下，相比于低语言强度网络口碑，个体对高语言强度网络口碑的信息评价更高；在发布者非匿名的情况下，相比于高语言强度网络口碑，个体对低语言强度网络口碑的信息评价更高。实验二发现了语言强度、身份披露对网络口碑说服力交互影响的中介机理，验证了假设二：期望违背是语言强度和身份披露交互影响网络口碑说服力的中介变量。实验三发现了语言强度、身份披露对网络口碑说服力交互影响的边界条件，验证了假设三：在个体认知需求高的情况下，身份披露的调节效应存在，即语言强度和身份披露对信息评价的交互效应成立；在个体认知需求低的情况下，身份披露的调节效应失效，即语言强度和身份披露对信息评价的交互效应不存在。同时从另一个角度收敛验证了交互效应的中介机理。

2.1.3　研究贡献

本节以网络口碑为核心，重点关注网络口碑效应的前因，通过引入语言强度这一形式变量，并结合发布者身份披露属性，研究了在线社区中语言强度和身份披露对网络口碑说服力的交互效应。本节的理论贡献集中于网络口碑、语言强度、在线社区开放性、信息处理过程四大领域。

1. 将语言强度引入网络口碑研究领域，同时考虑了在线情境-身份披露的交互影响作用

以往从信息特征角度研究影响网络口碑效应的因素，较多的集中在网络口碑的内容属性，而较少涉及信息的语言表达属性对网络口碑传播效应的影响研究。因此本节将语言强度引入网络口

碑研究领域具有重要的创新性，拓宽了网络口碑前因领域的研究。另外，以往对语言强度研究时，信息载体的选择偏重于判决书、倡议书等本身具有鲜明说服属性的信息，而本节引入网络口碑作为语言强度的信息载体。

本节还引入身份披露变量，研究网络环境下发布者身份披露对语言强度影响网络口碑的调节效应。以往对于口碑发布者特征的研究，沿袭传统口碑的研究，较多的关注其个人特质。但是网络口碑相比于传统口碑，交互情境发生了巨大变化，发布者的特征产生了新的变化（比如身份披露：网络环境的虚拟性使得消费者可以实名，也可以匿名的发表口碑信息）。本节引入身份披露变量，结合在线情境因素研究了语言强度对网络口碑说服力的影响作用。

2. 采用信息不调和——期望违背中介解释机理，丰富了认知精细化的前因变量研究

本节基于社会影响的视角，有别于传统对于语言强度说服力效应的机理解释，运用信息不调和理论解释了这一交互效应，语言强度和身份披露特征的匹配差异导致个体期望违背的感知，影响个体对信息的认知精细化程度，进而导致说服力的差异（Karmarkar 和 Petty，2010）。期望违背是认知精细化程度的一个前因变量，本节的结论丰富了认知精细化的前因变量研究。

3. 找到交互效应的边界条件——认知需求，收敛验证了中介机理

基于对交互效应的解释机理，本节还探讨了语言强度和身份披露对网络口碑说服力影响效应的边界条件——个体认知需求，进一步收敛论证了交互效应的解释机理。高的认知需求是产生认知精细化差异的前提，语言强度和身份披露对网络口碑说服力的影响是通过期望违背、认知精细化路径实现的，所以在个体认知需

求低的情况下，这种交互效应就消失了。

2.2　发出者开放性—专业性和人际相似性对炫耀性品牌态度的影响机理

消费者的品牌态度是消费者对某一产品或服务品牌的总体评估。以往对品牌态度前因的研究多从企业行为出发，本节则从炫耀性品牌使用这一消费者行为视角展开，结合社交媒体情境因素，分别探究炫耀性品牌使用和人际相似性、炫耀性品牌使用和专业性对品牌态度的交互效应。实验一发现，低人际相似性情况下，炫耀性品牌使用对品牌态度是负效应；而高人际相似性情况下则是正效应。实验二发现，低专业性情况下，炫耀性品牌使用对品牌态度是负效应；而高专业性情况下则是正效应。个体对品牌使用者的正面动机归因，而非负面动机归因是两个效应的中介变量。

在线社交媒体情境下消费者品牌态度的研究是营销学界关注的热点。消费者对品牌形成良好的品牌态度，有利于积累关于该品牌正面的品牌联想，促进消费者的购买行为。近年来，社交网络十分流行，越来越多的人们从社交媒体上获得碎片化的信息，社交媒体正在成为企业进行营销推广和向消费者展示产品及品牌的新途径。同时，在社交媒体上，用户的炫耀行为成为一种常见现象。根据观察，个体对生活中他人的炫耀经常持负面态度，但当社交媒体上的许多时尚博主、网红进行炫耀性品牌使用和展示时，却常常得到粉丝们的热情互动和正面评价。产生这一矛盾现象的原因是什么呢？

之前对品牌态度的研究多从企业视角出发，如企业形象、企业行为等，但是很少基于社交媒体的情境，从炫耀性品牌使用这一消费者行为视角进行研究。本节重点从消费者行为视角出发，结合社交媒体情境因素，分别探究炫耀性品牌使用和人际相似性、炫耀性品牌使用和专业性对品牌态度的交互效应。其中，人际相似性，是指人与人之间地位、价值观、兴趣、需求等方面的相似性；专业性，是指能够提供正确信息的能力。两者均可以在社交网络中通过用户的信息档案、标签等信息直观感知得到。这在 Facebook、Twitter、新浪微博、美拍、知乎等社交网络上均普遍存在，因此，研究人际相似性、专业性对社交网络用户的品牌态度的影响非常重要。炫耀性品牌使用、人际相似性、专业性会影响用户的品牌态度吗？如果有影响，其中的机理是怎样的？

2.2.1　文献回顾与研究假设

一、炫耀性品牌使用对品牌态度的影响

炫耀性品牌使用，指的是消费者利用品牌使用吸引他人注意的一种行为，例如吹嘘炫耀或者通过提及品牌名来显示自己的身份(Ferraro 等，2013)。在社交媒体中，人们通过发布内容进行炫耀性品牌使用，例如一张摆着引人注目的姿势展示某品牌的照片(Ferraro 等，2013)。

虽然炫耀性品牌使用有违于谦虚的社会准则(Godfrey 等，1986)，相对于低炫耀性品牌使用，高炫耀性品牌使用会让消费者对炫耀者的行为动机做出归因(Kelley，1973)，认为其别有用心(Campbell 和 Kirmani，2000)，从而产生相对负面的品牌态度(Ferraro 等，2013)。但通过观察发现，在微博等社交媒体上，许多时尚博主、网红在进行炫耀性品牌使用和展示时，却常常得到粉丝

们的热情互动和正面评价。这种高炫耀性品牌使用反而促进了积极的品牌态度。为什么会出现这种逆转呢？本节认为，特定的社交媒体情境（如人际相似性、专业性）可能会激活个体的正面动机归因，从而影响到炫耀性品牌使用对品牌态度的效应。因此本节将从更具实践借鉴意义的视角，探究情境变量（人际相似性和专业性）对炫耀性品牌使用影响品牌态度的调节作用；同时基于社交媒体情境带来的变化，探究炫耀性品牌使用和情境变量（人际相似性和专业性）影响品牌态度的中介解释机理。

二、炫耀性品牌使用和人际相似性对品牌态度的交互效应

人际相似性是指与自己的地位、价值观、兴趣、需求的相似性，相似的人会从类似的角度去看问题、评价事物。而在实验操控中，一般通过人口统计特征的相似性，如性别、年龄、地理位置、教育背景等进行操控（Suls 等，2000；Gino 等，2009；Naylor 等，2011；Packard 等，2015）。基于社交媒体丰富的信息展示功能，个体可以在社交媒体上非常便捷的通过对方的档案资料信息、标签信息等方式感知和识别出对方和自己的人际相似性。高人际相似性会增加个体对对方的喜欢（Byrne，1971），相似的人的观点也会更有说服力（Brock，1965；Simons 等，1970；Brown 和 Reingen，1987）。具有高人口统计学特征人际相似性的社会关系，被认为更可信赖（Brown 和 Reingen，1987；Rogers，1995），更有帮助对方的动机（Wuyts 等，2004）。

因此，本节认为，在观察者和品牌使用者具有低人际相似性的情况下，高炫耀性品牌使用的行为有违谦虚的社会准则（Godfrey 等，1986），相比于高炫耀性品牌使用，观察者对于低炫耀性品牌使用者的正面动机归因较强，认为其是真的喜欢或觉得有用而分享

这一品牌，从而对品牌态度产生积极的影响（Marchand 和 Vonk，2005），因此炫耀性品牌使用度越低，观察者品牌态度越正面；在观察者和品牌使用者具有高人际相似性的情况下，观察者对炫耀性品牌使用者更容易产生信任，将其识别为可信赖的（Brown 和 Reingen，1987；Rogers，1995）。此时品牌使用的炫耀性越高，观察者越认为品牌使用者是真的喜欢或觉得有用而使用和分享这一品牌，对品牌使用者的正面动机归因越强，从而对品牌态度产生积极的影响（Marchand 和 Vonk，2005），因此炫耀性品牌使用度越高，观察者品牌态度越正面。据此提出假设一和假设二：

H_1：人际相似性调节炫耀性品牌使用对品牌态度的影响。

H_{1a}：当具有较低的人际相似性时，相比于低炫耀性品牌使用，消费者观察到高炫耀性品牌使用行为后，对该品牌的品牌态度更负面。

H_{1b}：当具有较高的人际相似性时，相比于低炫耀性品牌使用，消费者观察到高炫耀性品牌使用行为后，对该品牌的品牌态度更正面。

H_2：个体对品牌使用者的正面动机归因是炫耀性品牌使用和人际相似性交互影响品牌态度的中介变量。

三、炫耀性品牌使用和专业性对品牌态度的交互效应

专业性是指品牌使用者能够提供正确信息的能力（Hovland 等，1953）。接收者感知到的信息来源者能够提供正确信息的能力是衡量专业性更有意义的视角（Bristor，1990）。和人际相似性一样，个体也可以在社交媒体上非常便捷的通过对方的档案资料信息、标签信息等方式感知和识别出对方的专业性。高专业性可以提高接收者的有用性感知（Mudambi 和 Schuff，2010），对接收者能够产生更高的说服力（Gilly 等，1998）。信息来源的专业性对接

收者行为具有显著的正效应(Wangenheim 等,2004)。在没有直接社会关系的社交媒体情境中,消费者对于信源的评价就提供了相对有用和直接的线索(Petty 等,1981;Shapiro,1987;Weiss 等,2008)。当信源被认定是专业的、值得信任的时,人们认为对方发出的极可能是重要的稀缺的信息(Dellarocas,2003),这种高度值得信赖的人会被无条件信任(Priester 和 Petty,2003)。

因此,本节认为,在炫耀性品牌使用者具有低专业性的情况下,高炫耀性品牌使用的行为有违于谦虚的社会准则(Godfrey 等,1986),相比于高炫耀性品牌使用,观察者对于低炫耀性品牌使用者的正面动机归因较强,认为其是真的喜欢或觉得有用而分享这一品牌,从而对品牌态度产生积极的影响(Marchand 和 Vonk,2005),因此炫耀性品牌使用度越低,观察者品牌态度更正面;在炫耀性品牌使用者具有高专业性的情况下,观察者认为对方发出的可能是重要的稀缺的信息(Dellarocas,2003),对其信任更高(Priester 和 Petty,2003)。此时品牌使用的炫耀性越高,观察者越识别出品牌使用者是真的喜欢或觉得有用而使用和分享这一品牌,对品牌使用者的正面动机归因越强,从而对品牌态度产生积极的影响(Marchand 和 Vonk,2005),因此炫耀性品牌使用度越高,观察者品牌态度更正面。据此提出假设三:

H_3:专业性调节炫耀性品牌使用对品牌态度的影响。

H_{3a}:当品牌使用者具有低专业性时,相比于低炫耀性品牌使用,消费者观察到高炫耀性品牌使用行为后,对该品牌的品牌态度更负面。

H_{3b}:当品牌使用者具有高专业性时,相比于低炫耀性品牌使用,消费者观察到高炫耀性品牌使用行为后,对该品牌的品牌态度更正面。

H_4：个体对品牌使用者的正面动机归因是炫耀性品牌使用和专业性交互影响品牌态度的中介变量。

2.2.2　实验研究

一、实验一：炫耀性品牌使用、人际相似性对品牌态度的交互效应

（一）实验设计与方法

实验一采用2(炫耀性品牌使用：高 vs 低)×2(人际相似性：高 vs 低)实验设计，采用组间对比法。被试被随机分配到实验的四组中，92名上海某高校学生(女44，年龄均值=21.34，SD=1.99)参与本次实验。

1. 炫耀性品牌使用操控

参考Ferraro等人的操控方法(Ferraro等，2013)。高炫耀性品牌使用组被试将被展示如下新浪微博图文信息：品牌使用者用户名是“用户0832945721”，头像是普通风景图片。所发布的图片是在绿草地背景下一人手持iPhone 7 Plus钢琴黑色手机，手机背面朝上，能显著观察到手机的双摄像头和“iPhone”字样，手部比例较小，没有明显的性别特征；文字是“下课啦～我爱我的iPhone 7 Plus啊”。低炫耀性品牌使用组被展示如下新浪微博无图的文字信息：品牌使用者用户名是“用户0832945721”，头像是普通风景图片，文字内容是“下课啦～我爱我的iPhone 7 Plus啊”。

2. 人际相似性操控

参考Suls等人的操控方法(Suls等，2000；Gino等，2009；Naylor等，2011；Packard等，2015)。高相似性组中，被试看到的信息品牌使用者用户档案信息与被试类似：年龄23岁、性别同被试、所

在地上海、职业学生、学校同被试；低相似组中，被试看到的信息品牌使用者用户档案信息与被试差异较大：年龄 36/35 岁、性别不同于被试、所在地哈尔滨/昆明、职业为培训师/专业教练、学校无。

3. 品牌态度

参考 Ferraro 等人的操控方法（Ferraro 等，2013），采用李克特 7 级量表对四个问项进行测量并取均值。“您有多喜欢这位用户所展示的 Apple 品牌？（1＝非常不喜欢，7＝非常喜欢）”、“您对这位用户展示的 Apple 品牌感觉如何（1＝非常不令人愉悦，7＝非常令人愉悦）”、“您对这位用户展示的 Apple 品牌印象如何？（1＝非常不好，7＝非常好）”、“您觉得这位用户展示的 Apple 有吸引力吗？（1＝非常没有吸引力，7＝非常有吸引力）”。（α＝.93）

4. 品牌使用者正面动机归因

采用李克特 7 级量表对两个问项进行测量并取均值。“您认为该用户展示 Apple 品牌是因为以下原因吗？”回答：“真心喜欢而分享给他人”、“觉得有用而分享给他人”。（1＝完全不是，7＝完全是）（α＝.93）

5. 炫耀性品牌使用操控检验

采用李克特 7 级量表对三个问项进行测量并取均值。“您认为该用户有多炫耀”、“您认为该用户发布的这条信息有多炫耀”、“您认为‘该用户发布这条信息’的行为有多炫耀”。（1＝一点也不炫耀，7＝非常炫耀）（α＝.93）

6. 人际相似性操控检验

采用李克特 7 级量表对三个问项进行测量并取均值。“根据该用户的档案信息，您认为该用户和您有多大程度的相似性？（1＝一点也不相似，7＝非常相似）”、“根据该用户的档案信息，您认为该用户和您像吗？（1＝一点也不像，7＝非常像我）”、“根据该

用户的档案信息，您认为该用户和您的共同点多吗？（1＝几乎没有共同点，7＝很多共同点）”。（α＝.97）

7. 自我-品牌联系与品牌熟悉度等控制变量

自我-品牌联系参考 Escalas 等人的测量方法（Escalas 和 Bettman，2003），采用李克特 7 级量表进行测量：“Apple 品牌反映了我是什么样的人”、“我愿意用 Apple 品牌做自己的个人标签”、“像人与人之间的关系一样，我与 Apple 品牌有情感上的联系”、“Apple 品牌能够向别人表达我是什么样的人”、“Apple 品牌有助于我成为我想成为的那类人”、“我认为 Apple 品牌和我很搭”、“Apple 品牌很适合我”。（1＝非常不同意，7＝非常同意）（α＝.916）；品牌熟悉度、购买经历和品牌的自我表达程度，采用李克特 7 级量表进行测量：“您对 Apple 这个品牌熟悉吗（1＝非常不熟悉，7＝非常熟悉）”、“您拥有过 Apple 品牌的产品吗（如 iPhone、iPad 等）（1＝完全没有过，7＝有过很多）”“请问您觉得，人们使用 Apple 品牌多大程度上可以向他人表达自己？（1＝一点也不可以，7＝非常可以）”。

（二）实验结果与讨论

方差分析结果显示，个体对高炫耀性品牌使用的感知炫耀性品牌使用打分显著更高 $M_{高炫耀性品牌使用}=5.38>M_{低炫耀性品牌使用}=4.12$，$F(1,90)=18.32$，$p<.001$，$\eta_p^2=.17$；个体对高相似性的感知相似性打分显著更高（$M_{高相似性}=4.93>M_{低相似性}=1.76$，$F(1,90)=114.12$，$p<.001$，$\eta_p^2=.56$），操控检验通过。将品牌态度作为因变量，炫耀性品牌使用和相似性作为自变量，F 检验结果显示，均不存在主效应，交互效应显著（$F(1,88)=14.40$，$p<.01$，$\eta_p^2=.14$）。在高相似情况下，个体对高炫耀性品牌使用的品牌态度（$M=4.80$，$SD=.87$）高于低炫耀性品牌使用（$M=3.73$，$SD=1.39$）（$F(1,88)=5.65$，$p<.05$，$\eta_p^2=.06$）；在低相似情况下，个体

对低炫耀性品牌使用的品牌态度(M=4.77,SD=.28)高于高炫耀性品牌使用(M=3.60,SD=.26)($F(1,88)=9.36$,$p<.005$,$\eta_p^2=.10$)。H_{1a}、H_{1b}得到验证。控制自我品牌联系,交互效应依然显著($F(1,87)=17.46$,$p<.001$,$\eta_p^2=.17$)。进一步,控制品牌熟悉度、产品购买经验、品牌能否表达自己后,交互效应依然显著($F(1,85)=14.89$,$p<.001$,$\eta_p^2=.15$)。

在中介模型中,炫耀性品牌使用×相似性交互预测了品牌使用者正面动机归因(B=2.50,t=3.99,$p<.001$)。如图 3-4 所示,在因变量模型中,品牌使用者正面动机归因预测了品牌态度(B=.52,t=6.13,$p<.001$),炫耀性品牌使用×相似性对品牌态度的交互预测不显著(B=.94,t=1.74,NS)。在低相似条件下,品牌使用者正面动机归因是交互效应的中介(间接影响的效应是−0.75,95%置信区间不包括 0[−1.42,−.29])。在高相似条件下,品牌使用者正面动机归因是交互效应的中介(间接影响的效应是 0.54,95%置信区间不包括 0[.11,1.13])。进一步,高阶的交互影响的间接效应是显著的(效应是 1.30,95%置信区间不包括 0[.60,2.26]),这验证了 H_2,即品牌使用者正面动机归因的中介

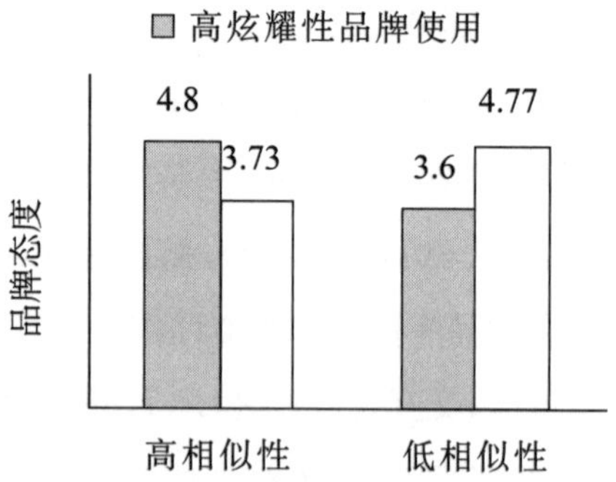

图 2-10 实验一交互效应结果
Fig. 2-10 Interaction Effect Results of Study 1

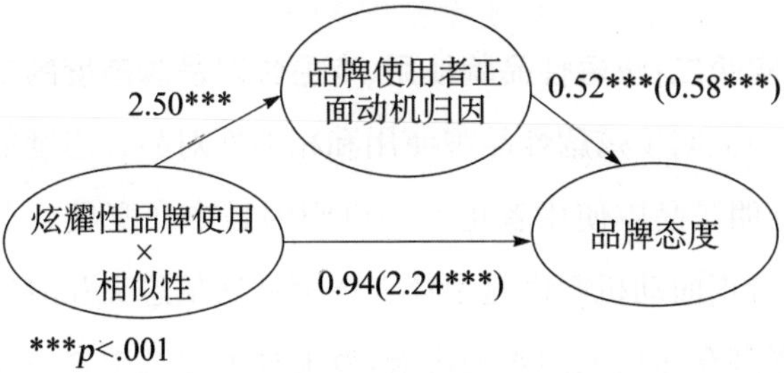

图 2-11　实验一中介结果
Fig. 2-11　Mediation Results of Study 1

机理。

实验一验证了炫耀性品牌使用和相似性对品牌态度的交互作用，即当具有较高的相似性时，相比于非炫耀性品牌使用，消费者观察到炫耀性品牌使用行为后，对该品牌的品牌态度更正面；当具有较低的相似性时，相比于非炫耀性品牌使用，消费者观察到炫耀性品牌使用行为后，对该品牌的品牌态度更负面，验证了 H_{1a} 和 H_{1b}；个体对品牌使用者的正面动机归因是交互效应的中介变量，验证了 H_2。

实验一也存在一些不足之处，首先，实验一的刺激物为电子产品的品牌苹果(Apple)，而炫耀性品牌使用的内涵包括对所有产品品牌的炫耀性使用，后面需要选择其他类型的产品品牌提高研究的普适性。其次，人际相似性只是一种情境变量，是否还有其他情境因素会影响正面动机归因，从而调节炫耀性品牌使用对品牌态度的影响？实验二将继续发掘新的调节变量。最后，实验一仅验证了正面动机归因的中介效应，并没有排除负面动机归因的中介效应。实验二将对这些不足进行改善，并继续引入专业性，研究炫耀性品牌使用和专业性对于品牌态度的影响。

二、实验二:炫耀性品牌使用、专业性对品牌态度的交互效应

实验一证明了炫耀性品牌使用和相似性对品牌态度的交互效应,同时证明了品牌使用者正面动机归因是中介变量。本节认为品牌使用者正面动机归因是个体在线上社区信息交互时的重要心理变量,受到众多情境因素的影响,专业性就是其中之一。

(一) 实验设计与方法

实验二继续研究炫耀性品牌使用和专业性对品牌态度的影响。实验二设计为2(炫耀性品牌使用:高 vs 低)×2(专业性:高 vs 低)的组间实验。被试被随机分配到实验的四组中,150名上海某高校学生(女92,年龄均值=23.65,*SD*=1.89)参与本次实验。

1. 炫耀性品牌使用操控

参考Ferraro等人的操控方法(Ferraro等,2013)。高炫耀性品牌使用组被试将被展示如下新浪微博图文信息:品牌使用者用户名是"张小白",头像是普通风景图片。所发布的图片是一张哈根达斯冰淇淋火锅的用餐照片,能明显观察到餐具上的"Häagen-Dazs"字样;配图的文字是"哈根达斯冰淇淋火锅新口味,好喜欢~"。低炫耀性品牌使用组被展示如下新浪微博无图的文字信息:品牌使用者用户名是"张小白",头像是普通风景图片,文字内容是"哈根达斯冰淇淋火锅新口味,好喜欢~",无配图。

实验二不同于实验一,首先做了预实验对操控有效性进行了检验,样本群体与主实验类似,为上海某高校学生71人(女性37人,年龄均值=23.77,*SD*=1.60),对炫耀性使用的三个问项进行主成分因子分析(α=.97)。结果显示炫耀性品牌使用对感知炫耀性品牌使用的主效应显著($F(1,69)=190.63, p=.00, \eta_p^2=.73$),个体对高炫耀性品牌使用的打分($M=5.56, SD=.62$)相比于低

炫耀性品牌使用更高(M=2.72,SD=1.06)。

2. 专业性操控

高专业性组被试看到的信息品牌使用者的档案信息包括:昵称“张小白”、微博认证“美食评论家”与“高级甜品师”、标签“专业吃货”,来打造出微博认证账户的高专业性。低专业性组被试看到的信息品牌使用者的档案信息包括:昵称“张小白”、微博认证与标签都是“无”,来打造出无认证普通用户的低专业性。

对专业性操控有效性的检验参考 Pornpitakpan 等人的方法(Pornpitakpan,2012),进行预实验,采用李克特 7 级量表对两个问项进行测量并取均值:“根据该用户的档案信息,您认为该用户对哈根达斯(Häagen-Dazs)有多了解?(1=一点也不了解,7=非常了解)”、“根据该用户的档案信息,您认为该用户发布的关于哈根达斯(Häagen-Dazs)的这条内容有多专业?(1=完全不专业,7=非常专业)”。选择均为上海某高校学生 67 人(女性 33 人,年龄均值=23.76,SD=1.63),方差分析结果显示专业性对感知专业性存在主效应($F(1,65)=68.21$, $p=.00$, $\eta_p^2=.30$),个体对高专业性的打分(M=4.65,SD=1.54)相比于低专业性更高(M=2.75,SD=1.38)。

3. 品牌态度

对哈根达斯(Häagen-Dazs)品牌态度测量如实验一(α=.92)。

4. 品牌使用者正面动机归因

如实验一(α=.93)

5. 品牌使用者负面动机归因测量

采用李克特 7 级量表对四个问项进行测量并取均值。“您认为该用户展示哈根达斯(Häagen-Dazs)品牌是因为以下原因吗?”

回答:"给他人留下深刻印象"、"炫耀"、"获得他人认可"、"吸引他人的注意力"(1=完全不是,7=完全是)。(α=.82)

6. 自我-品牌联系与品牌熟悉度等控制变量

自我-品牌联系变量(α=.946)与品牌熟悉度等控制变量测量如实验一。

（二）实验结果与讨论

将品牌态度作为因变量,炫耀性品牌使用和专业性作为自变量,F检验结果显示,均不存在主效应,交互效应显著($F(1,146)=9.65$, $p<.01$, $\eta_p^2=.07$)。在高专业性情况下,个体对高炫耀性品牌使用的品牌态度($M=5.14$, $SD=.20$)高于低专业性品牌使用($M=4.55$, $SD=.20$)($F(1,146)=4.33$, $p<.05$, $\eta_p^2=.04$);在低专业性情况下,个体对低炫耀性品牌使用的品牌态度($M=5.12$, $SD=.20$)高于高炫耀性品牌使用的品牌态度($M=4.46$, $SD=.21$)($F(1,146)=4.15$, $p<.05$, $\eta_p^2=.03$),H_{3a}、H_{3b}得到验证。控制自我品牌联系,交互效应依然显著($F(1,145)=8.57$, $p<.005$, $\eta_p^2=.06$)。进一步,控制品牌熟悉度、产品购买经验、品牌能否表达自己,交互效应依然显著($F(1,143)=11.44$, $p<.001$, $\eta_p^2=.07$)。

在中介模型中,炫耀性品牌使用×专业性交互预测了品牌使用者正面动机归因($B=.71$, $t=3.22$, $p=.000$)。在因变量模型中,品牌使用者正面动机归因预测了品牌态度($B=.34$, $t=4.92$, $p=.00$),炫耀性品牌使用×专业性对品牌态度的交互预测不显著($B=.38$, $t=1.96$, NS)。在低专业性条件下,品牌使用者正面动机归因是交互效应的中介(间接影响的效应是-0.27,95%置信区间不包括0[$-.47$,$-.14$])。在高专业性条件下,品牌使用者正面动机归因是交互效应的中介(间接影响的效应是0.31,95%

置信区间不包括 0[−.16,−.09])。进一步,高阶的交互影响的间接效应是显著的(效应是.25,95%置信区间不包括 0[.08,.50]),这验证了 H_4,即品牌使用者正面动机归因的中介机理。

同时,为了验证品牌使用者负面动机归因是否为炫耀性品牌使用和专业性交互影响品牌态度的中介变量,本课题将品牌态度作为因变量,炫耀性品牌使用和专业性作为自变量进行方差分析。结果显示,均不存在主效应($F's<1$)交互效应($F(1,146)=1.533, p=.22, \eta_p^2=.01$)。这验证了品牌使用者负面动机归因不是炫耀性品牌使用和专业性对品牌态度影响的中介机理。

实验二验证了炫耀性品牌使用和专业性对品牌态度的交互作用,即当品牌使用者被他人认定为专业人士时,相比于非炫耀性品牌使用,消费者观察到炫耀性品牌使用行为后,对该品牌的品牌态度更正面;当品牌使用者不被他们认定为专业人士时,相比于非炫耀性品牌使用,消费者观察到炫耀性品牌使用行为后,对该品牌的品牌态度更负面,验证了假设 H_{3a},H_{3b};个体对品牌使用者的正面动机归因是交互效应的中介变量,验证了 H_4。

实验二的刺激物为餐饮类产品品牌哈根达斯(Häagen-

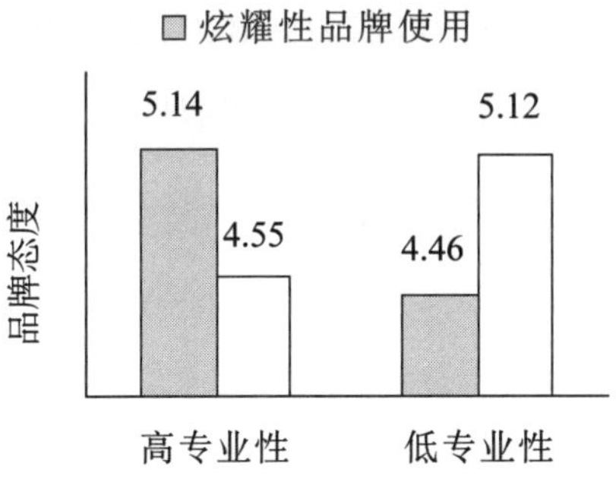

图 2-12　实验二交互效应结果
Fig. 2-12　Interaction Effect Results of Study 2

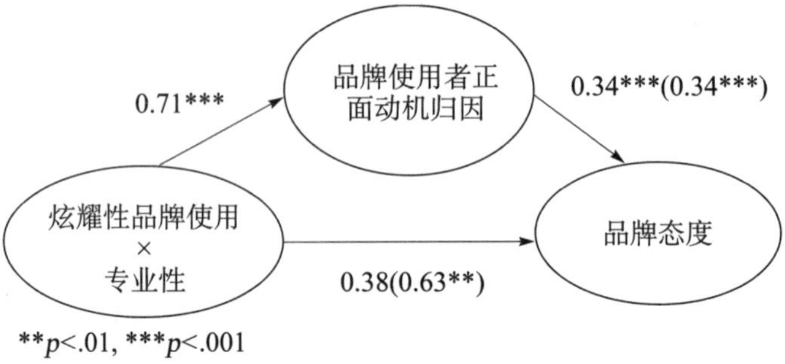

图 2－13　实验二中介结果
Fig. 2－13　Mediation Results of Study 2

Dazs)，提高了研究的普适性；其次，实验二发掘了新的调节变量——专业性，并验证了正面动机归因的中介效应。同时，实验二排除了负面动机归因的替换解释。

2.2.3　研究贡献

本节的研究结论主要有三个理论贡献。首先，本节区别于产品/品牌的炫耀性及对使用者自身影响的视角，探究炫耀性品牌使用这一行为的炫耀属性对消费者品牌态度的影响，丰富了炫耀性分类及品牌态度前因领域的研究。其次，本节引入更具实践指导意义的社交媒体情境变量——人际相似性和专业性。最后，本节基于社交媒体情境，验证正面动机归因的中介解释机理，并排除负面动机归因的中介替换解释机理。

第三章　在线社区关系开放性对信息分享内容和行为的影响机理

根据发出者—渠道关系—接收者的信息传播模型，发出者与接收者的关系开放性特征是重要的开放性维度，影响在线社区接收者信息分享内容和行为，包括信息评价、信息分享意愿、品牌态度以及购买意愿等。研究发现，关系强度、关系类型、情境开放性是重要的关系开放性特征，在线社区中信息发出者和接收者的关系强弱、好友关系还是关注关系、公开情境还是私密情境，对接收者的信息分享内容和行为均有重要影响。这种影响还受到相关信息特征的作用，因此本章加入自嘲性、炫耀性等信息特征，研究了关系开放性和信息特征对信息分享内容和行为的交互影响。

本章首先研究了关系开放性——关系强度和情境开放性对自嘲信息分享意愿的交互影响及影响机理；其次，研究了关系开放性——关系类型和炫耀性对信息分享意愿的交互影响及影响机理；最后，采用田野实验的方法，研究了关系开放性——关系类型和语言强度对购买意愿的交互影响及影响机理。

3.1 关系开放性—关系强度和情境开放性对自嘲信息分享意愿的影响机理

自嘲行为作为人际沟通的一种重要形式，近来成为信息传播研究的热点。以往研究大都集中在对自嘲行为社会效应的研究，较少探究影响其产生的前因变量。本节从开放性视角，研究了两个在线社区交互中的情境变量-关系强度和情境开放性对自嘲信息分享意愿的交互影响效应。实验一发现，强关系下，个体的自嘲信息分享意愿显著高于弱关系。实验二的研究进一步表明了，在公开情境下，这一结论仍然成立；而在私密情境下，关系强度对自嘲信息分享的效应不存在。

近年来，自嘲成为一种趋势。Smart、加多宝、玉兰油等品牌纷纷在网络上推出自嘲式营销，在线社区中也出现了越来越多的自嘲信息分享行为。自嘲信息分享不仅有助于舆论的传播，而且对于企业在新媒体上构建品牌形象也有可能带来意想不到的效果(金永生，王睿和陈祥兵，2011；王战平等，2014)。同时，对个体而言，可以通过自嘲进行情绪调节和压力释放，网络词汇“自黑”就是自嘲的一个表现形式(Andeweg 等，2011；李春分和涂靖，2011)。以往对于自嘲的研究大都集中在其带来的影响和结果上，普遍将其视为一种沟通策略，认为自嘲动机在于实现一定的沟通目的，如通过自嘲获取沟通中的公平感(Esralew 和 Beating，2012)、降低对于个人自尊的威胁(Beer，Chester 和 Hughes，2013)、进行形象修复(Dewberry 和 Fox，2012)等。但是很少有研究关注自嘲信息分享的前因，比如说，人们在不同开放性的社区——微博(开放性程度相对较高)和微信(开放性程度相对低)中,这种交互情境的差异对自嘲信息的分享意愿是否会存在影响。因此,本节将从在线社区开放性的视角,深入探讨交互情境差异对自嘲信息分享意愿的影响机理。

在线社区开放性或在线社区沟通信息流的开放性,指的是消费者在这个虚拟网络空间中可以自由讨论与品牌或与其工具性利益相关主题的能力(Bagozzi,Dholakia 和 Pearo,2007;Wibral 等,2013;赵越岷,李梦俊和陈华平,2010;周志民和吴群华,2013)。开放性作为社会线索会对信息分享产生社会影响。比如,信息交互双方的关系强度(强关系/弱关系)、情境开放性(私密/公开)都是不同开放性社区交互情境差异的重要表现形式(Kim,2014;贺爱忠和李雪,2015)。本节认为关系强度会影响消费者的自嘲信息分享,通常情况下社交网络中消费者更倾向于跟熟人、好朋友分享自嘲信息,即强关系下个体的自黑信息分享意愿更高。但进一步思考后,本节发现,关系强度对自嘲信息分享意愿的影响并不是简单的促进作用,还受到情境开放性的调节作用。私密情境下,行为不能被他人感知或只能被特定对象感知,而公开情境下行为会被多人观察到(Kolditz 和 Arkin,1982),公开情境下,个体更容易做出令他人产生好感的决策或者会避免对自己不利的信息内容(Ratner 和 Kahn,2002;Barasch 和 Berger,2014)。因此,公开情境会降低个体对自嘲信息的分享意愿。

本节将在前人对于自嘲行为研究的基础上,研究在线社区中影响自嘲信息分享行为的两个交互情境变量——关系强度(强关系/弱关系)及情境开放性(私密/公开)——对自嘲信息分享意愿的影响。本节着重于自嘲信息分享行为的前因研究,不仅有别于以往的对自嘲效应的研究,而且不同于传统线下情境研究,基于在线社区开放性的视角，剖析了交互情境下自嘲行为产生的机理。研究结果表明自嘲行为作为在线交互的一部分是受到关系强度及情境开放性等情境变量的影响，人们更倾向于在不同开放性情境下做出差异性选择，这一结论拓展了已有对自嘲行为的研究。本节的研究结论将为新媒体信息有效传播提供实际建议：情境开放性是可以选择的，可以针对不同的在线社区设计不同的信息以促进个体自嘲信息分享行为，从而提升舆论传播的影响力和公司新媒体营销传播力。

3.1.1 文献回顾及假设

一、自嘲信息分享的效应研究

自嘲(Self-deprecation)作为情绪调节、幽默表达的方式，是人们信息分享行为的一个重要组成部分，对人们的沟通和信息分享有很大的影响作用(Ziv，1984；Vonk，1999；Greengross 和 Miller，2008；Hoption，Barling 和 Turner，2013)。Andeweg 等(2011)将自嘲(Self-deprecation)视为一种非正式意图下对自己社会、行为、生理方面缺陷的调侃，Kim(2014)将自嘲描述为一种在沟通中以幽默的方式降低自己甚至贬损自己来实现一定沟通目的的方式。本节认为，在线社区中，自嘲信息分享是个体为了实现一定的沟通目的(如表示谦虚，缓解尴尬或提高他人的自我感知等)，通过调侃自己的缺点或故意贬低自己，以更主动、更安全(不会攻击对方)方式分享信息或做出应答的行为。

以往对自嘲信息分享的研究集中在自嘲信息正负效应的研究(Ziv，1984；Vonk，1999；Greengross 和 Miller，2008；Hoption，Barling 和 Turner，2013)。学者从语言语法、动机、幽默性等角度研究了自嘲的社交影响和价值(李春分和涂靖,2011;Hoption,Barling 和 Turner,2013;Schnurr 和 Chan,2011;李春分,2012)。一方面,自嘲信息分享会带来有利的社交价值。个体对自嘲信息的分享可以通过调侃自己的缺点来表明他们对于当前局面的掌控(Greengross 和 Miller,2008);自嘲信息分享也会表现出个人的谦虚、豁达和自信,同时反映了一个人在社交中的灵活性和幽默感(Schnurr 和 Chan,2011);Esralew(2012)、Hopton 等(2013)提出在上下级沟通中,上级可以通过自嘲获取沟通中的公平感;Beer 等(2013)和 Kim(2014)先后提出自嘲可以作为一种自我保护的策略,降低对于个人自尊的威胁;Deberry(2012)等甚至以政治人物为例,证实自嘲可以作为一种形象修复的策略。Ziv(1984)则从侧面阐述了自嘲的正面影响,提出相比无法嘲笑、贬低自己的人,那些可以自嘲的人往往更能得到别人的喜爱。另一方面,自嘲信息分享也有可能给个体带来不利的影响。虽然一般情况下自嘲者可获得更有趣、更可信的评价,但自嘲并非没有风险,特定情况下或过度自嘲都会对个人的形象产生危害,可能会使别人意识到自己的缺点,降低自己在他人眼中的地位(Lundy,Tan 和 Cunningham)。

总结以上研究我们可以得出,基于自嘲信息可能出现的正负影响,个体是否会采取这一行为将会变得不确定。到底是哪些前因变量在影响个体的自嘲信息分享行为?什么情境下个体会更愿意分享自嘲信息呢?这些都还没有得到学者们充分的研究。信息分享发生在一定的情境下,不同的开放性在线社区,信息分享行为情境开放性存在差异,因此,这种差异势必会影响个体的信息分享行为。本节将从开放性的视角下,研究情境差异——关系强度和情境开放性对于自嘲信息分享的影响作用。

二、关系强度对自嘲信息分享行为的影响

关系是人与人之间、组织与组织之间由于交流和接触而存在的一种纽带联系(Bian,1997),关系强度(Tie Strength)被定义为群体中人与人之间连接的程度(Granovetter,1973;Lin,Ensel 和 Vaughn,1981),这种人际关系的强度是时间量、情感紧密性、亲密程度(相互信赖程度)和互惠服务的结合体(Granovetter,1973)。基于此,已有研究将互动频次高、感情较强、关系密切、互惠交换多的关系定义为强关系,代表一种通过长期的合作建立起来的社会关系,如家人、朋友和熟悉的同事,这种关系具有长期性、稳定性、多重性等特点。与此相反,互动频次少、感情较弱、关系普通、不存在互惠交换的社会关系则被定义为弱关系,如偶然交流的陌生人、业务往来的接触者等(Bian,1997;Granovetter,1973;Lin,Ensel 和 Vaughn,1981)。以往的研究表明,不同的关系强度会导致人们对不同信息内容的分享意愿产生明显差异,强关系下,交互更为亲密、频繁,信息内容重复度较高,传播范围有限,适合深度交互行为,如知识共享、口碑分享(Levin 和 Cross,2004;Brown 和 Reingen,1987;Zhang,Feick 和 Mittal,2014);弱关系下,交互频率低,信息重复度低,传播范围较广,更适合新鲜信息的传播,如求职信息、技术咨询等(Constant,Sproull 和 Kiesler,1996)。那么自嘲信息分享是否会受到关系强度的影响及影响机理是什么呢?本节将对这一关系进行实证探究。

本节认为,关系强度会影响自嘲信息的分享意愿。在社交行为中,个体会尽可能通过沟通交流实现外界对自己好的印象,以及避免自我形象损害(Belk,1988;Berger 和 Heath,2007;Escalas 和 Bettman,2003;Kleine,Kleine 和 Kernan,1993;Levy,1959)。强关系下,

交互更为亲密、频繁，彼此已经形成了完整而清晰的印象(Leary，1995)，自我形象损害考虑较低，此时，个体更关注自嘲信息带来的正面影响，因此，更愿意分享自嘲信息；而弱关系下，个体之间彼此交互较少，并未形成固定的印象，此时自我形象损害考虑较为显著，增加了对个人自我形象的顾虑，个体更关注自嘲信息有可能带来的负面影响，更愿意分享正面信息，避免对自己形象不利的信息(个人缺点、不适宜行为、失败等)(Chen 和 Berger，2013；Dubois，Bonezzi 和 DeAngelis，2013)，因此，更不愿意分享自嘲信息。也就是说，相比于弱关系，强关系下个体对自嘲信息的分享意愿更高。

据此我们提出假设 1：

H_1：相比弱关系，在线社区中强关系下个体的自嘲信息分享意愿更高。

三、情境开放性对关系强度影响自嘲信息分享意愿的调节作用

情境开放性分为私密和公开两种类型(Ben-Ze'ev，2003)。私密(Private)是指信息只指向或提供给固定的人(如二人会议、微信私聊等场合)；而公开(Public)则意味着行为或信息并不限制于某个人，也向其他人开放(Mead，Baumeister 和 Stillman，2011；Drotner，2005)(如多人会议、微信群聊等)。以往研究表明，交互情境开放性会影响人们对不同信息内容的分享行为，在私密情境下，更愿意分享私人信息、对他人有益的信息(Mead，Baumeister 和 Stillman，2011；Nardi，Schiano 和 Gumbrecht，2004)；而在公开情境下，个人更不愿意发布"引起他人对自己负面感知"的信息。

本节认为，情境开放性对关系强度影响自嘲信息分享意愿有调节作用。公开情境下，个体的信息分享行为会被其他人感知到

(Mead,Baumeister 和 Stillman,2011),此时,个体会考虑可能存在的自我形象损害。在弱关系下,个体的自我形象损害顾虑更强,自嘲信息作为“容易引起他人对自己负面感知”的信息(Westwood,2004),存在着破坏个人印象管理目标(Impression Goals)的风险时,个体对自嘲信息的分享行为会采取更审慎、保守的态度,从而导致信息分享意愿的降低。而在强关系下,个体印象管理意愿弱化,深度沟通的可能性使自嘲信息的负面影响失效,反而更容易使他人对自嘲者产生诚实、谦虚而有幽默的积极感知,因而反过来提高了个体对此类信息的分享意愿。私密情境下,人们的自嘲信息分享行为不太可能被他人看到,不会出现影响他人对自己的印象判断等可能性,因此不太会存在自我形象损害的顾虑。此时,不管是强关系还是弱关系,个体的自嘲信息分享意愿没有显著差异。

据此提出假设 2:

H_2:情境开放性将调节关系强度对自嘲信息分享意愿的正向效应。具体而言:

H_{2a}:公开情境下,相比弱关系,在线社区中强关系下个体的自嘲信息分享意愿更高。

H_{2b}:私密情境下,强关系和弱关系下个体自嘲信息的分享意愿无显著差异。

3.1.2　实验研究

一、实验一:关系强度对自嘲信息分享行为的影响

(一) 实验设计与方法

为验证假设 1 提出的关系强度对在线社区中个体自嘲信息分享意愿的影响。实验一采用组间实验设计(关系强度:强关系 VS

弱关系)。70 名来自上海某高校的大学生参加了本次实验(被试的平均年龄为 21.5 岁)。

实验包括自变量关系强度的操控、自嘲信息分享意愿测试、自变量操控的检验、自嘲信息有效性检验和被试基本信息问答五个环节。首先被试被随机分配到实验的两个条件中,分别接受自变量不同水平——强关系或者弱关系的启动,然后被试将浏览我们发出者发布的信息和用于回复的自嘲信息并测量分享意愿,接着被试会接受自变量操控检验和自嘲信息有效性检验问项的回答,最后是人口统计信息的采集。

1. 自变量操纵

强关系时被试将看到如下的启动信息:请想像一个您关系最亲密的朋友,并写下他(她)的名字;弱关系时被试看到如下启动信息:请想像一个您关系普通的朋友,并写下他(她)的名字。

2. 信息设计

信息发出者发布的信息——无名指比食指长,方向感强:利物浦大学科研人员发现,手指长短能反映大脑的结构,因为促使手指生长的激素在大脑发育过程中起着重要作用。结论是无名指比食指长的人想像力丰富,有较强的方向辨认能力;食指比无名指长的人,吸收自然科学和数学知识的能力较强!

回复的自嘲信息——这是真的吗? 方向感为零的数学白痴需要一个合理的解释!

3. 自嘲信息分享意愿

被试看完发布信息及自嘲信息后,采用李克特量表(1=完全不同意,7=完全同意),依次对自嘲信息分享意愿进行评分,"你愿意进行如下回复吗?","你想要进行如下回复吗?","你可能会进行如下回复吗?"(α=.97),并取三个问题均值衡量个体自嘲信息分享意愿。

4. 操纵检验

采用李克特量表对自变量操控的检验,“你觉得你和这位朋友有多亲密?”,“你觉得你和这位朋友有多熟悉?”。自嘲信息有效应的检验,“你觉得回复内容很有乐趣吗?”,“你觉得回复内容是以取笑自己为乐吗?”,“你觉得回复内容是拿自己开涮吗?”(Saroglou和 Scariot,2002)

(二) 实验结果与讨论

1. 自变量操纵检验

方差分析结果显示,强关系条件下(vs. 弱关系)关系强度感知高($M_{强关系}=6.49>M_{弱关系}=3.26$,$F(1,68)=17.09$,$p=.00$)。结果表明,对被试关系强度的启动较为成功。

2. 自嘲信息有效性检验

三个检验问题得分均值 $M_1=4.67$,$M_2=5.07$,$M_3=5.19$,均显著高于 4,t 值均大于 3.8(分别为 $t_1=3.87$,$t_2=5.84$,$t_3=6.42$),p 值均小于 0.05,说明自嘲信息的设计是有效的。

3. 自嘲信息分享意愿

将自嘲信息分享作为因变量,以关系强度作为自变量,独立样本 T 检验的结果显示,被试在强关系下比在弱关系下对自嘲信息的分享意愿更高($M_{强关系}=4.15>M_{弱关系}=2.86$,$F(1,68)=1.85$,$p=.002$)。结果表明,相比弱关系,强关系下在线社区中个体的自嘲信息分享意愿更低,假设 1 得到验证。

实验一通过对关系强度的操控及自嘲信息的设计,发现了关系强度对于个体自嘲信息分享意愿的影响作用。强关系下,个体自我形象损害考虑弱化,更关注自嘲信息带来的正面影响,自嘲信息分享意愿更高;而弱关系下,个体自我形象损害考虑较为显著,

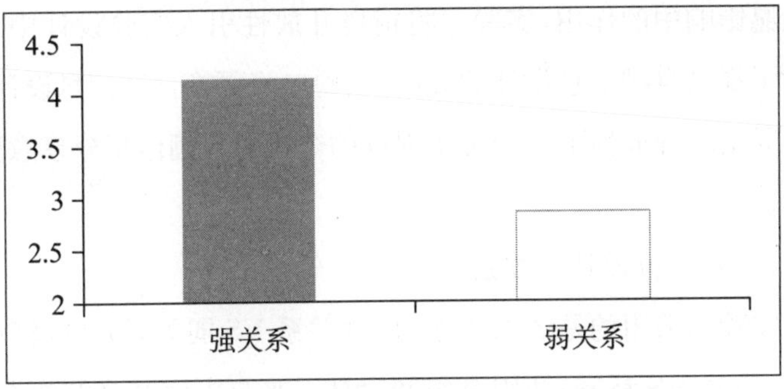

图 3-1 关系强度对自嘲信息分享意愿的影响
Fig. 3-1 The influence of tie strength on self-deprecation

更关注自嘲信息有可能带来的负面影响，自嘲信息分享意愿降低。即强关系相比于弱关系下，个体的自嘲信息分享意愿更高。

但是，实验一的设计中仍然有一些需要改进的地方。首先，自嘲信息的内涵是丰富的，实验一仅设计了一条信息代表自嘲信息，可能没有足够的代表性，实验二将更换自嘲信息进行实验，以提高自嘲信息设计的效度。其次，是不是所有情境下相对于弱关系，强关系下个体都会更愿意分享自嘲信息呢？特别是在不同的在线社区中，信息的发布和接收是在不同开放性的情境下进行的。这种情境开放性的差异有可能会影响个体的信息分享行为，特别是自嘲这种以幽默的方式降低自己甚至贬损自己的行为。会不会在有些情境下，关系强度对自嘲信息分享意愿的影响会发生变化？实验二将引入调节变量——情境开放性，研究关系强度和情境开放性对自嘲信息分享意愿的交互影响，进一步探究自嘲意愿分享的产生机制和影响因素。

二、实验二：情境开放性对关系强度影响自嘲信息分享意愿的调节作用

为了探究个体信息分享情境开放性在关系强度对自嘲信息分

享意愿影响中的作用，实验二将情境开放性引入实验设计中。同时为了提高自嘲信息设计的效度，实验二将更换自嘲信息设计，研究不同情境开放性下不同关系强度的个体对自嘲信息分享意愿的差异。

（一）实验设计与方法

实验二采用的是2(关系强度：强关系 VS 弱关系)×2(情境开放性：公开 VS 私密)两因素组间设计。来自上海某高校的96名学生参加了本次实验，被试平均年龄为21.7岁。

实验包括自变量关系强度和调节变量情境开放性的操控、自嘲信息分享意愿测量、自变量和调节变量操控的检验、自嘲信息有效性检验和被试基本信息问答五个环节。首先被试被随机分配到实验的四个条件中，分别接受不同水平自变量和调节变量：强关系-公开、强关系-私密、弱关系-公开、弱关系-私密的启动，然后被试将浏览我们发出者发布的信息和用于回复的自嘲信息并测量分享意愿，接着被试会接受自变量操控检验和自嘲信息有效性检验的问项回答，最后是人口统计信息的采集。其中，自变量关系强度的操纵、因变量分享意愿的测量、自变量和自嘲信息设计的检验同实验一。

1. 调节变量操纵

公开时被试看到以下信息，现在您要在社交网络上回复他，您的回复他和其他人都能看到；

私密时被试看到以下信息，请想像您的这位朋友在社交网络上发布了一条消息，现在您要在社交网络上回复他，您的回复只有他能看到。

2. 信息设计

信息发出者发布的信息——“忘事”是大脑在自我保护：瑞士巴塞尔大学研究发现，人们会遗忘一些事情并不是因为记忆不好，而是人脑会自动清空那些不重要的记忆，这是一种自然生物机制，通过删除记忆将不必要的信息去除，使得神经系统得以维持正常。

回复的自嘲信息——请不要安慰我这种学渣，记忆力差不能怪大脑自我保护，要怪就怪智商不够用。

3. 自变量与调节变量操控检验

采用李克特量表对自变量操控的检验，“您觉的您回复的内容会被除他以外的其他人看到吗?”(7 点量表，1＝非常不可能，7＝非常可能)检验对公开/私密的操控。与实验一类似，“你觉得你和这位朋友有多亲密?”，“你觉得你和这位朋友有多熟悉?”检验对关系强度的操控。自嘲信息的检验：“你觉得回复内容很有乐趣吗?”，“你觉得回复内容是以取笑自己为乐吗?”，“你觉得回复内容是拿自己开涮吗?”(Saroglou 和 Scariot，2002)

（二）实验结果与讨论

1. 操控检验

我们对关系强度和情境开放性两个变量进行 ANOVA 分析，关系强度和情境开放性启动效应均显著。强关系条件下(VS 弱关系)个体得到了更高的关系强度感知($M_{强关系}=6.33>M_{弱关系}=4.34$，$F(1,94)=5.80$，$p<.05$)；而公开情境下(VS. 私密情境)个体对于信息能否被除分享者之外的其他人看到的可能性感知更高($M_{公开}=5.69>M_{私密}=4.88$，$F(1,94)=2.79$，$p<.05$)。结果表明，对被试自变量和调节变量的启动都较为成功。

2. 自嘲信息有效性检验

三个检验问题得分均值 $M_1=4.56$，$M_2=5.04$，$M_3=5.01$，均显著地高于 4，t 值均大于 3.5(分别为 $t1=3.58$，$t2=7.0$，$t3=5.91$)，p 值均小于 0.05，说明自嘲信息设计是有效的。

3. 自嘲信息分享意愿

将自嘲信息分享作为因变量，关系强度作为自变量、情境开放性作为调节变量进行分析。结果显示，关系强度和情境开放性之间的交互作用显著（$F(1,94)=5.019$，$p<.05$），即情境开放性会调节关系强度对个体自嘲信息分享意愿的影响。

进一步分解交互作用，公开情境下，强关系时个体的自嘲信息分享意愿高于弱关系（$M_{公开-强关系}=4.53>M_{公开-弱关系}=2.51$，$F(1,92)=.14$，$p=.000$），证明了 H2a；私密情境下，强关系时个体的自嘲信息分享意愿与弱关系时无显著差异（$M_{私密-强关系}=3.97$，$M_{私密-弱关系}=3.56$，$F(1,92)=.07$，$p=.46$），证明了 H2b。

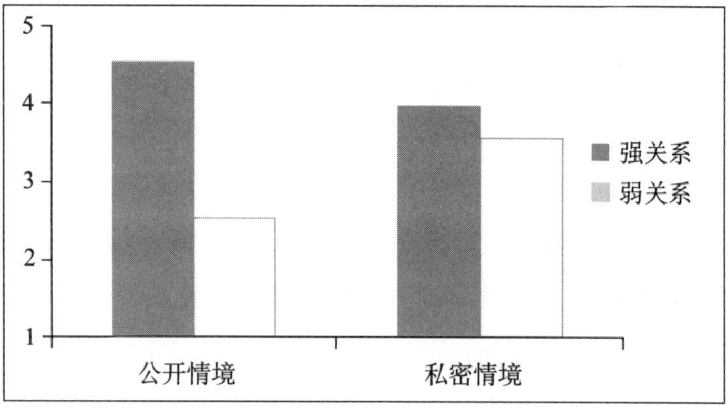

图 3－2　情境开放性对关系强度影响自嘲信息分享意愿的调节作用

Fig. 3－2　The moderation of context openness on the relationship between tie strength and self-deprecation

实验二的结果表明，在线社区中个体对自嘲信息的分享意愿不仅受到关系强度的影响，还会受到信息分享情境开放性的影响。相对线下情境，在线社区中，这些开放性的差异更显著。那些对消费者信息分享起到限制或隔离作用的因素都可以看作是造成在线社区开放性或封闭性差异的原因。在线社区开放性程度的不同，代表的是社会诱导因素数量的不同。比如在公开情境下，个体的信息分享行为会被其他人感知到，受到外部规范的制约，此时，个体会考虑可能存在的自我形象损害。在弱关系下，个体的自我形象损害顾虑更强，更关注自嘲信息的负面影响，对自嘲信息的分享意愿降低。而在强关系下，个体印象管理意愿弱化，自我形象损害顾虑较低，深度沟通的可能性使自嘲信息的负面影响失效，反而更容易使他人对自嘲者产生诚实、谦虚而有幽默的积极感知，因而与弱关系相比，强关系下个体信息分享意愿更高。私密情境下，消费者较少受到外部规范的影响，人们的自嘲信息分享行为不太可能被他人看到，不太会存在自我形象损害的顾虑。此时，不管是强关系还是弱关系，个体的自嘲信息分享意愿没有显著差异。

3.1.3 研究贡献

以上两个实验的结果共同说明了关系强度、情境开放性对自嘲信息分享意愿的影响，即关系强度对自嘲信息分享意愿有正向促进作用，情境开放性变量则调节这一正向效应。

与理论假设一致，实验一验证了关系强度对在线社区中个体自嘲信息分享意愿的正向效应，结果显示个体更倾向于对彼此熟悉的朋友分享自嘲信息，而对关系普通的人有所保留。实验二进一步验证情境开放性对关系强度影响自嘲信息分享意愿具有调节作用。如实验结果所示，当个体分享的自嘲信息能被公开感知时，出于印象管理和个人形象的考虑，普通关系下的个体不愿意分享自嘲信息以避免他人开错玩笑或透露个人缺点的风险；而关系亲密下的个体没有印象管理的顾虑，更愿意分享带有自我贬低内容的自嘲信息以展示自己幽默、活泼的个人特质。而在个体分享的自嘲信息在私密情境下，关系强度对自嘲信息分享意愿的影响效应不存在。

本节在理论方面具有以下重要创新之处。首先，我们从前因变量方面对自嘲行为进行研究。区别于以往对自嘲行为在组织和人际关系中正向、负向效应的研究，从源头出发研究关系强度会影响人们在在线社区中的自嘲信息分享行为。以往对于自嘲的研究大都集中在自嘲行为作为一种沟通方式所产生影响和结果上。比如，通过自嘲可以获取沟通中的公平感、降低对于个人自尊的威胁、进行形象修复等。但是很少有研究关注自嘲信息分享的前因，比如说，什么因素会导致人们愿意分享自嘲信息，什么因素会导致人们自嘲信息分享意愿降低。本节发现关系强度会影响人们分享自嘲信息意愿，即，关系越强越愿意自嘲，关系越弱，自嘲意愿越低。发掘这一前因变量有助于我们在理论上丰富自嘲理论研究体系。

其次，从社会影响的视角剖析在线社区情境开放性对自嘲信息分享意愿的影响作用。虽然近来有学者开始关注了匿名/非匿名、一对一/一对多等因素对人际间信息交流的影响。但是，相对线下情境，在线社区中，这些开放性的差异更显著，截至目前还较少有人讨论。在线社区开放性程度的不同，代表的是社会诱导因素数量的不同。本节将关系强度、情境开放性两个变量聚合在线社区的背景中，而非分别研究关系强度、情境开放性对信息分享、行为选择的影响，不仅增加了对自嘲信息分享研究的系统性，也丰富了关于在线社区开放性的研究。因此，本节从社会影响的视角，通过实验设计方法研究在线社区开放性对自嘲信息分享意愿影响作用，具有重要的创新性。

3.2　关系开放性—关系类型和炫耀性对信息分享意愿的影响机理

社交网络中互动分享行为研究是营销学领域关注的前沿。以往研究大都集中在社交网络中的人际关系与用户对特定类别的信息的分享与互动，较少涉及社交网络情境中关系类型对用户互动意愿的影响。本节从关系类型（关注关系和好友关系）的角度，研究了关系类型与信息炫耀性对用户互动意愿的交互影响。实验一发现，好友关系下，个体的互动意愿显著高于关注关系；实验二进一步发掘出关系类型对互动意愿的影响受到感知相似性的中介作用。实验三探讨了关系类型对互动意愿的影响的边界条件。即对于高炫耀信息效应仍然成立，而在低炫耀信息时，两种关系类型信息接收者互动意愿无差异。

社交网络（Social Networking Sites，SNS）提供了一种新的沟通方式，促进群体的形成、扩张和影响力的扩散（Lin 和 Lu，2011）。在线社交网络中个体之间的交互是存在多重关系的（Ansaria，Koenigberg 和 Stahl，2011；LEWIS 等，2008；Szell，Lambiotter 和 Thurner，2010）。例如在微博里，如果用户在他人的主页看到“互相关注”的状态，他们之间就是好友关系；而如果用户在他人的主页看到“已关注”的状态，他们之间就是关注关系。好友关系时，双方用户可以在各自的主页看到彼此的微博动态，而关注关系时，用户在自己的主页里可以看到被关注个体发布的微博动态，对方却看不到该用户的微博动态。另外，虽然微信里的大家之间都是好友关系，但是个体可以通过设置让对方看不到自己的朋友圈信息，或者自己选择不看对方的朋友圈信息，从而将好友关系改变为关注关系。关系类型给用户带来的同一社区中的双重角色或许会让他们在处于不同的关系中时表现出不同的行为特征(Chen, Wang 和 Zhang, 2014)。对于企业而言，在关注关系时，企业主页被用户关注，用户们越愿意参与到企业社交网络主页发帖的互动中，他们越有可能对帖子中的信息进行读入，对品牌的认知更深刻，提升对品牌的好感度，品牌营销越容易取得的更大成功(Huang, 2013)；好友关系时，微信朋友圈中“爱消除”“打飞机”等游戏晒比分、“脸萌”、“魔漫”晒卡通漫画形象、朋友圈 Chanel、Burberry 等品牌定向推送的品牌广告，使好友之间互相点赞、转发/分享、评论，这种好友关系中的炫耀不仅没有引发用户厌恶，反而在朋友圈掀起了广告的二次传播。尽管好友关系与关注关系这两种关系类型是普遍存在的，但是系统理解这两种关系类型是如何影响个体在社交网络的互动意愿是较少有研究涉及。关系类型会影响个体的点赞、评论和分享意愿吗？如果有影响，是什么机理导致的？在什么条件下，关系类型的影响作用会消失？

不同社交网络，如 Facebook、Twitter、微博和微信，关系类型的设置存在差异(Oeldorf-Hirsch 和 Sundar, 2015; Chen 等, 2011)。相应的，针对不同的信息，个体的互动意愿强弱也会不同。本课题研究发现，相比关注关系，好友关系下个体的互动意愿更高。由于好友关系的双方关系强度更高(Chen, Wang 和 Zhang, 2014)，有更紧密的偏好的结合、更持久关系、更强的情感联系与亲密度(Levin 和 Cross, 2004; Zhang, Feick 和 Mittal, 2014; Brown 和 Reingen, 1987)，感知相似性更高，因此，会更愿意进行互动。并且，这种关系类型对互动意愿的影响是有边界条件的，即对于高炫耀信息，关系类型对互动意愿的影响存在；而对于低炫耀信息，关系类型对互动意愿的影响作用消失。

3.2.1 文献回顾与研究假设

一、社交网络互动行为的效应研究

Facebook、Twitter 这样的社交网络当下十分流行，人们也在社交网络上消耗了越来越多的时间(Kaplan 和 Haenlein，2010)。在中国，以新浪微博、微信朋友圈、美拍为代表的社交网络也正在迅速发展。与 Facebook 类似，新浪微博与美拍也提供三大互动方式——点赞(Like)、转发/分享(Share)、评论(Comment)。对于企业而言，大量的用户在品牌主页发帖进行的点赞、转发/分享、评论很可能会引起品牌营销的巨大成功。

已有学者对用户在社交网络的互动行为、互动动机进行过研究。Huang(2013)针对 Facebook 上的企业主页的粉丝互动情况进行了研究，总体来讲，点赞是品牌粉丝在主页最常用的互动方式。其中，男性与女性的互动行为偏好有一定的差异，男性往往评论更多，而女性偏好分享或点赞。有些学者研究了人们在社交网络互动的心理动机。根据自我决定理论，人们的动机可以基本分为内在动机(Intrinsic Motivation)与外部动机(Extrinsic Motivation)(Deci 和 Ryan，1985)。Yang 等人(2010)指出，娱乐价值、感知网络外部性、人际关系准则与社交准则会影响到 Youtube 用户分享视频的意愿。Dholakia 等人(2004)则发现，目的性、人际关系、社交进步和娱乐性这四种价值是社交网络用户的内在动机。

以上的研究均从互动行为本身的特征差异及互动行为的心理动机等视角出发，但是却忽略了社交网络特征对个体互动行为的影响，本节从社交网络的一个情境特征——关系类型的视角研究

不同的关系类型对于人们互动意愿的影响，并考虑这种影响的边界条件——信息炫耀性对其的调节作用。

二、关系类型对互动意愿的影响：感知相似性的中介作用

在社交网络中，关系类型（Connection Type）分为关注关系（Follow Connection）和好友关系（Friend Connection）（Chen，Wang和Zhang，2014）。关注关系通常通过点击对方用户主页“关注”按钮获得。用户通常无需经过对方允许即可关注其他注册用户，关注后会自动收到对方社交活动的更新。关注关系突出了被关注者（Follower User），从而使得被关注者对粉丝（即关注者，Followee/Focal User）产生社交影响。好友关系通常通过点击对方用户主页“成为好友”按钮获得。成为好友关系需要得到对方同意，用户通常可以对自己的好友进行分类。建立好友关系后，用户也会自动收到对方社交活动的更新，即，用户收到的社交活动更新来自自己的好友和自己关注的用户（Chen，Wang和Zhang，2014）。从功能上讲，好友关系等同于互相关注关系（Mutual follow Relationship）。前人已研究过在线信息、用户信息敏感性对于线下消费行为的影响（Chen等，2016；陈洁，谢文昕和李博，2011），也有关于社交联系的平均影响的估算，人们把网络社会关系（Online Social Connections）视作一种二进制渠道的影响，却不考虑对不同类别的网络社会关系或同类关系中的异质性。

以往学者研究表明，不同的关系类型会带来不同的关系和心理特征差异。相比关注关系，好友关系的关系强度更高，关系强度会影响到人们在社交网络中的行为（刘涛，陈洁和韦俊龙，2016）。强关系下，个体间有更紧密的偏好的结合、更持久关系、更强的情感联系与亲密度，适合深度人际交互行为，如知识共享、口碑分享

等;弱关系下,交互频率低,信息重复度低,传播范围较广,更适合新鲜信息的传播,如求职信息、技术咨询等(Brown 和 Reingen,1987;Lin,Ensel 和 Vaughn,1981)。并且,相比于关注关系,在好友关系中,人们往往具有更多共同的关注点与兴趣爱好(Papacharissi,2009),包含更多精神依赖与彼此认同(Ledbetter 等,2010),从而带来更高的感知相似性。感知相似性(Perceived Similarity)是指人们所相信的自己与他人的相似程度,感知相似性较高时人们之间往往有较强的吸引力(Montoya 和 Horton,2008;Ross,Greene 和 House,1977;Sillars,1985)。因此,相比关注关系,在好友关系时,个体间关系强度更高且有更多交集(如共同的关注点与兴趣爱好等),有更多的精神依赖与彼此认同,感知相似性更高,彼此间吸引力更强,互动意愿更高。综上,提出假设:

H_1:相比关注关系,好友关系中信息接收者的互动意愿更高。

H_2:感知相似性是关系类型对用户互动意愿影响的中介变量。

三、关系类型对互动意愿影响的边界条件:信息炫耀性的调节作用

信息炫耀性(Conspicuousness)是指在社交网络中人们发出炫耀的信号的强弱(Han,Nunes 和 Dreze,2010),如果炫耀的信号越强,则信息的炫耀性越高,反之,如果没有炫耀的信号,则信息炫耀性低(Sheehand 和 Dommer,2014)。以往的研究主要集中在信息炫耀性产生的条件和原因,比如说,哪一类消费者以及哪一类产品更适合炫耀(Belk,Painter 和 Semenik,1981;Shavitts 和 Nelson,1999),或仿冒品的炫耀性对消费者购买意愿的影响(Chen 等,2015),很少研究在社交网络情景下,炫耀性信息对个体点赞、

分享等互动意愿的影响。

本节认为,关系类型对个体互动意愿的影响是存在边界条件的。即关系类型对于互动意愿的影响作用依赖于信息炫耀性。在高炫耀信息条件下,因为炫耀性是违反谦虚的社会规范的(Godfrey,Jones 和 Lord,1986),个体会思考信息发出者的动机(Sheehand 和 Dommer,2014;Ferraror,Kirmani 和 Matherly,2013)。相对于关注关系,好友关系双方有更强的情感联系与亲密度,更倾向于将炫耀行为归因于信息发出者是正在使用或者真的喜欢这个产品/品牌(Han,Nunes 和 Dreze,2010),此时则更愿意点赞/评论/转发,与信息发出者进行互动。而在低炫耀信息条件下,信息不包含产品/品牌的炫耀信号(Sheehand 和 Dommer,2014),此时不会导致信息接收者对于动机的归因思考,对信息发出者行为的认知停留在表面情形(Ferraror,Kirmani 和 Matherly,2013),此时个体感知信息发出者都是在用或者真的喜欢这个产品/品牌,好友关系和关注关系下的互动意愿无差异。据此提出假设:

H_3:关系类型对互动意愿的影响受到信息炫耀性的调节作用。

H_{3a}:在高炫耀信息条件下,相比关注关系,好友关系中信息接收者互动意愿更高。

H_{3b}:在低炫耀信息条件下,好友关系和关注关系中信息接收者互动意愿没有差异。

3.2.2　实验研究

一、实验一:关系类型对互动意愿影响

实验一采用了单因素(关系类型:关注关系 VS 好友关系)实

验设计，采用组间对比法，验证假设 1。

（一）实验设计与方法

被试被随机分配到实验的两个条件中，分别接受自变量不同水平——关注关系或者好友关系的启动，然后被试将浏览我们设计的图片信息并测量互动意愿，接着被试会接受自变量操控检验，最后是人口统计信息的采集。人口统计信息大概包括被试的性别、年龄、学历、投入程度等。97 名上海某高校学生参与本次试验，其中男性 46 名，女性 51 名(年龄＝21.24，SD＝1.44)。

1. 关系类型操控

关注关系组被试将看到如下启动信息：想象一个您在微博上关注的账号(TA 没有关注你)，请写下 TA 的微博昵称；好友关系组被试看到如下启动信息：想像一个您在微博上关注的账号(TA 也关注你，你们是对方的好友)，请写下 TA 的微博昵称。

2. 信息设计

为排除其他变量的干扰，好友关系组和关注关系组使用同样的信息设计：一张微博状态的截图(看不到用户信息)，图中用户发布了一张 iPhone 6 的图片，配上文字"新买的 iPhone 6 到啦～"。

3. 互动意愿

采用李克特 7 级量表(1＝非常不愿意，7＝非常愿意)对信息接收者的互动意愿进行测试："您愿意给这条信息点赞吗?"，"您愿意评论这条信息吗?"，"您愿意转发这条信息吗?"(α＝.86)。取 3 个问项的平均值衡量个体的互动意愿。

4. 关系类型操控检验

采用李克特 7 级量表(1＝完全没注意到，7＝完全注意到)。进行了对自变量操纵的检验，"您注意到与信息发布者是好友关系(你关注 TA，TA 也关注你)吗?"

（二）实验结果与讨论

1. 关系类型操控检验

方差分析结果显示，好友关系条件下（VS 关注关系）用户对好友关系的辨识度显著较高（$M_{好友关系}=5.45>M_{关注关系}=4.32$，$F(1,95)=7.22$，$p=.01$），对被试关系类型的启动较为成功。

2. 互动意愿

将互动意愿作为因变量，关系类型作为自变量，F 检验的结果显示，被试在好友关系下比在关注关系下的互动意愿更高（$M_{好友关系}=3.24>M_{关注关系}=2.31$，$F(1,95)=7.00$，$p=.01$）。结果表明，相比关注关系，好友关系下用户的互动意愿更高，假设 1 得到验证。

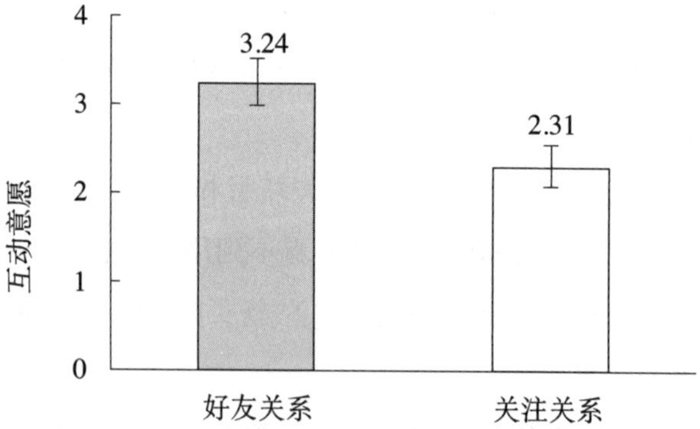

图 3-3　关系类型对分享意愿的影响
Fig. 3-3　The effect of connection type on the social sharing intention

实验一通过对关系类型的操控及互动意愿的测试，发现了关系类型对于社交网络中信息接收者的互动意愿的影响作用。在好友关系中，信息接收者与发布者的互动意愿更高；而关注关系中，信息接收者与发布者的互动意愿相对更低。

实验一验证了关系类型对信息接收者的互动意愿的影响的主

效应，但这种影响的机理是什么？这还需要进一步的探究。实验二将引入感知相似性，研究感知相似性对于关系类型影响互动意愿的中介机理。

二、实验二：感知相似性对关系类型影响互动意愿的中介作用

实验二的目的是研究感知相似性对主效应的中介效应。为了验证主效应的普适性，在实验二中我们选择了非常流行的短视频社交网络——美拍作为实验情境，同时也采用了新的信息设计。实验二继续采用单因素（关系类型：关注关系 VS 好友关系）实验设计，采用组间对比法，探究感知相似性的中介效应，验证假设 2。

（一）实验设计与方法

被试被随机分配到实验的两个条件中，分别接受自变量不同水平——关注关系或者好友关系的启动，然后被试将浏览我们设计的图片信息并测量互动意愿，接着进行中介变量感知相似性的测量，并对被试进行关系类型的操控检验，最后是人口统计信息的采集。166 名上海某高校学生参与实验，128 人为有效被试（通过了“您在使用美拍吗？”的问题）参与了本次实验，其中男生 55 人，女生 73 人（年龄＝22.02，SD＝2.47）。其中互动意愿测量和关系类型操控检验如实验一。

1. 关系类型操控

关注关系组被试将看到如下启动信息：想象一个您在美拍上关注的账号（TA 没有关注你），请写下 TA 的美拍昵称；好友关系组被试看到如下启动信息：想象一个您在美拍上关注的账号（TA 也关注你，你们是对方的好友），请写下 TA 的美拍昵称。

2. 信息设计

为排除其他变量的干扰，好友关系组和关注关系组使用同样

的信息设计：一张美拍短视频的截图（看不到用户信息），视频截图中用户正在展示 Apple Macbook Pro，配上文字"新买的苹果电脑到啦～"。

3. 感知相似性

参照 Montoya(2008)的研究，问卷采用李克特量表（1=非常不相似，7=非常相似）对被试进行了感知相似性的测量，被试需对以下问项打分："您觉得您和刚才您写下名字的那位用户有多相似?"。

（二）实验结果与讨论

1. 关系类型操控检验

方差分析结果显示，好友关系条件下（VS 关注关系）对好友关系的辨识度显著较高（$M_{好友关系}=5.43>M_{关注关系}=4.60$，$F(1,126)=5.75$，$p=.02$），对被试关系类型的启动较为成功。

2. 互动意愿

实验一的主效应再次得到检验，结果显示，被试在好友关系下比在关注关系下的互动意愿更高（$M_{好友关系}=2.78>M_{关注关系}=2.16$，$F(1,126)=6.06$，$p=.02$）。

3. 感知相似性的中介效应

根据 Zhao，Lynch，Chen（2010），Preacher，Rucker 和 Hayes（2007，Model 4），我们用 Bootstrap 方法抽样 10000 次来进行回归，分析结果表明关系类型影响互动意愿（$B=.61$，$t=2.46$，$p=.02$），关系类型影响感知相似性（$B=.53$，$t=2.03$，$p=.04$）；在中介模型中，感知相似性影响互动意愿（$B=.28$，$t=3.42$，$p=.01$），而关系类型对互动意愿影响不显著（$B=.46$，$t=1.91$，$p=.06$）。进一步而言，关系类型通过感知相似性的间接效应显著（95%，$B=.15$，$CI=.003$ to $.34$）。

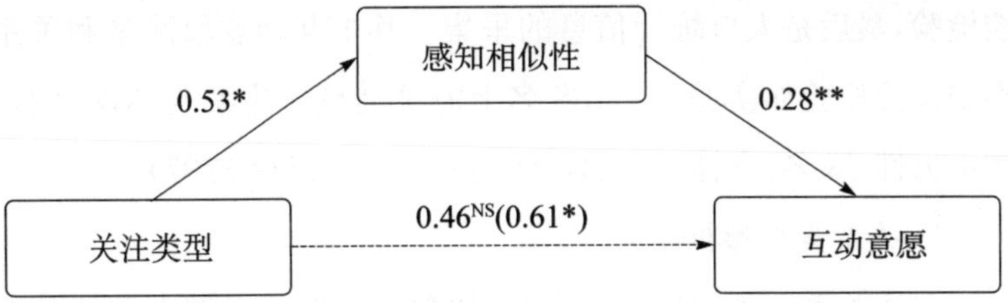

Note. — * p<0. 05; * * p<0. 01.

图 3 - 4　感知相似性对关系类型对分享意愿影响的中介作用
Fig. 3 - 4　The mediation of perceived similarity on the relationship between connection type and social sharing intention

实验二用不同的社交情境与不同的信息设计，进一步验证了关系类型对互动意愿影响的主效应，即相比于关注关系，好友关系下个体的互动意愿更高。同时还引入感知相似性，探究了感知相似性对关系类型影响互动意愿的中介效应，好友关系时，个体间有较多交集（如共同的关注点和兴趣爱好等），感知相似性高，有更强的互相吸引力，互动意愿更高。但是在什么条件下，关系类型的影响作用会消失？实验三将进一步探究关系类型对互动意愿影响的边界条件。

三、实验三：关系类型对互动意愿影响的边界条件

实验三拟研究关系类型对互动意愿影响的边界条件，仍然选用了微博作为实验平台，同时，实验三分别设计了高（低）炫耀信息，以进一步验证关系类型对互动意愿影响的适用性。实验三采用了双因素 2（关系类型：好友关系 VS 关注关系）×2（信息炫耀性：高炫耀信息 VS 低炫耀信息）的组间设计，验证假设 3

（一）实验设计与方法

被试被随机分配到实验的四组中，分别接受自变量不同水平和调节变量不同水平的启动，然后被试将浏览我们设计的图片信息并测量互动意愿，接着被试会接受关系类型和信息炫耀性的操

控检验,最后是人口统计信息的采集。其中互动意愿测量和关系类型操控检验如实验一。188名上海某高校学生参与本次试验,其中男性78名,女性110名,(年龄=21.97,SD=2.37)。

1. 关系类型操控

关注关系看到的启动信息是:想象一个您在微博上关注的账号(TA没有关注你),请写下TA的微博昵称;好友关系看到的启动信息是:想象一个您在微博上关注的账号(TA也关注你,你们是对方的好友),请写下TA的微博昵称。

2. 信息炫耀性操控

本节借鉴Ferraro(2013)的研究方法,对高炫耀组信息采用文字与图片信息,对低炫耀组信息只提供文字信息。两组信息除了炫耀性这一属性不同之外,所有特性一致。高炫耀信息组的信息是:一张微博状态的截图,图中用户发布了一张Apple iPad Pro的图片,配上文字"新买的平板到啦!"。低炫耀信息组的信息是:一张微博状态的截图,图中用户发布了一条文字信息"新买的平板到啦!",无图片。

3. 信息炫耀性操控检验

问卷采用李克特量表(1=非常不炫耀,7=非常炫耀)对信息炫耀性进行操控检验,被试需对以下2个问项打分:"您认为该产品有多炫耀?","您认为这条信息有多炫耀?"($\alpha=.95$),取两个问项打分的均值衡量操控的效果。

(二)实验结果与讨论

1. 关系类型操控检验

方差分析结果显示,好友关系条件下(VS关注关系)用户对好友关系的辨识都较高($M_{好友关系}=5.30>M_{关注关系}=4.65$, $F(1,184)=5.10$, $p=.03$),对被试关系类型的启动较为成功。

2. 信息炫耀性操控检验

方差分析结果显示，对信息炫耀性检验中，高炫耀信息（VS 低炫耀信息）的炫耀程度显著较高（$M_{高炫耀信息}=4.29>M_{低炫耀信息}=3.46$，$F(1,184)=24.97$，$p=.00$）。结果表明，对信息炫耀性的操控较为成功。

3. 互动意愿

将互动意愿作为因变量，关系类型作为自变量、信息炫耀性作为调节变量进行分析。结果显示，关系类型对互动意愿的效应依然显著（$F(1,184)=8.76$，$p=.00$），信息炫耀性对互动意愿影响不显著（$F(1,184)=0.63$，$p=.43$），关系类型和信息炫耀性之间的交互作用显著（$F(1,184)=5.05$，$p=.03$），即信息炫耀性会调节关系类型对用户互动意愿的影响。

进一步分解交互作用，对于高炫耀信息，好友关系时用户的互动意愿高于关注关系（$M_{好友关系-高炫耀信息}=2.97>M_{关注关系-高炫耀信息}=1.90$，$F(1,184)=13.41$，$p=.00$），证明了 H_{3a}；对于低炫耀信息，好友关系时用户的互动意愿与关注关系时无显著差异（$M_{好友关系-低炫耀信息}=2.67$，$M_{关注关系-低炫耀信息}=2.52$，$F(1,184)=.26$，$p=.61$），证明了 H_{3b}。

实验三的结果表明，在线社区中用户的互动意愿不仅受到关系类型的影响，还会受到信息炫耀性的影响。对高炫耀性信息，相比关注关系，好友关系中信息接收者的互动意愿更高。对于低炫耀信息，好友关系和关注关系中信息接收者的互动意愿没有显著差异。这是因为炫耀性是违反谦虚的社会规范的，因此在高炫耀信息条件中用户会思考信息发出者的动机，好友关系双方更倾向归因于信息发出者是在使用或者真的喜欢这个产品/品牌，则互动意愿更强，而低炫耀信息的接收者则不会进行这种归因。

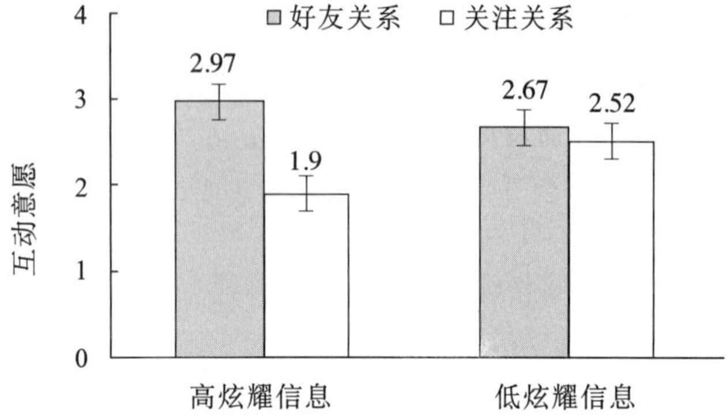

图 3-5　信息炫耀性对主效应的调节作用
Fig. 3-5　The moderation of conspicuousness on the main effect

3.2.3　研究贡献

本节用实验的方法研究了社交网络中关系类型对用户互动意愿的影响及其机理，并证明关系类型与信息炫耀性对互动意愿的交互影响。

本节的理论贡献主要体现在三个方面。首先，前人的研究表明好友关系的双方相比关注关系有更高的关系强度，但是，本节更进一步的研究发现用户关系类型会对用户的互动意愿产生影响，实验一验证了好友关系中的用户比关注关系中的用户互动意愿更强的主效应。其次，本节探究了感知相似性对关系类型影响用户互动意愿的中介效应，在实验二中得到验证，相比关注关系，好友关系的用户关系强度更高、感知相似性更强，彼此吸引力更强，互动意愿更高。最后，本节对关系类型对互动意愿影响的边界条件进行了界定，信息炫耀性会起到调节作用。实验三结果显示，在高炫耀信息条件下，相比关注关系，好友关系中信息接收者的互动意愿更高。在低炫耀信息条件下，好友关系和关注关系中信息接收者的互动意愿没有显著差异。

3.3　关系开放性—关系类型和语言强度对购买意愿影响机理的田野实验

过往大多数文献研究了在线分享的效应，并从信息分享者的动机、信息分享对象和信息分享渠道研究了信息分享内容和行为的前因，但截至目前还没有研究探讨在线信息分享语言强度对购买意愿的影响作用。在线社区信息关注关系这一开放性要素作为社会线索会影响消费者认知状态从而对消费者购买意愿产生影响。因此本节从社会影响的视角，研究语言强度和信息关注关系的交互影响机制，运用田野实验的方法，着重研究语言强度和关注关系的交互影响。利用实验分析方法，在社交媒体情境下，研究语言强度和情境因素（如消费者与发布者的关注方式）对购买意愿的交互影响，通过设计企业在线口碑传播策略促进企业品牌构建和销量提升。

基于在线分享的巨大影响效应，前人对在线分享的前因进行了较多研究。例如学者们发现当信息的来源越可靠，信息分享者之间关系越紧密（Bakshy 等，2012）、信息分享者之间越相似（Forman 等，2008）、信息接收者越敏感（Aral 和 Walker，2012），信息对消费者或信息接收者的影响作用越大。也有研究发现，信息本身的特征也决定了其影响力的大小，比如在某些情况下，负面信息的影响力要远超过正面信息的影响力（Chevalier 和 Mayzlin，2006），内容更深入的信息对消费者的行为作用更大（Godes 和 Mayzlin，2004）。消费者主要出于自我增强、情绪、帮助别人的动机进行信息分享。出于自我增强的动机，消费者在在线社区中进行信息分享时总是希望自己分享或发出的信息能让自己看起来更好，有研究表明在社交媒体上，比如超过70％的twitter网络公告内容都是关于自己或关于自己的即时体验。消费者出于同样的动机也倾向于分享那些有趣、刺激、惊奇、滑稽和令人愉快的信息（Moldovan等，2011；Tucker，2012；Berger和Milkman，2012；Chen和Berger，2012）。自我增强的动机也会影响消费者选择传递正面还是负面的信息。有研究表明消费者在在线社区中更倾向于发表正面的评论（Chevalier和Mayzlin，2006；Fowler和De Avila，2009），但是在考虑到受公众评价的时候，也会选择分享更加负面的信息（Schlosser，2005）。

但是观察发现，前人对于在线分享前因的研究在涉及网络口碑本身特征时，较多考虑内容的差异，较少从语言表达形式属性视角切入。近年来企业的广告信息、口碑信息的营销实践领域出现了一些新的现象。以往企业广告信息的宣传在语言表达上均较为肯定和情绪强烈，如“我们产品有效解决头屑问题”、“感冒就用999感冒灵”、“清仓价，仅此一家，你买不了吃亏买不了上当！”、“今年过节不收礼，收礼只收脑白金！”等。但近年来在线社区（如微博、微信等）的营销实践中，出现了这种宣传语：“这可能是本年度最好的福利”、“这个产品用起来感觉还不错吧”，网络大V在发表观点时，较多的采用不那么肯定和模糊的表达形式。本节将这类语言表达形式总结为语言强度的差异，本节将从语言强度视角出发，拓宽在线购买意愿的前因研究。

3.3.1　文献回顾与研究假设

语言强度指信息在语言表达形式上的风格特征，根据文献梳理，以往从信息特征角度研究影响在线分享效应的因素，较多的集中在在线分享的内容属性，而信息的语言表达属性对口碑传播效应的影响研究较少。近年来学者开始关注这一领域的研究，从语言表达谦虚性(Packard 等，2012)、信息表达口吻(我 VS 我们)(Packard 和 Wooten，2013；Packard 等，2014)、语言复杂性(Packard 和 Wooten，2013)、对交流者的语言模仿(Moore 和 McFerran，2012)等语言表达属性对网络口碑传播效应的影响进行了研究，但还较少有研究涉及语言强度(Language Power)这一语言表达属性。强势语言是指那些语言表达较为肯定、确定及情绪较为强烈的语言(Ng 和 Bradac，1993；Bradac 等，2001；Hosman 等，2002)。过去大部分研究一致发现个体对强势语言的评价相比弱势语言更积极、更可信(Bradac 和 Street，1989/1990；Carli 等，1990；Hosman 等，1989)。弱势语言是指那些语言表达上较为犹豫、迟疑的语言(Hosman，1989)。相比于强势语言，弱势语言通常包含礼貌形式(Polite Form)、模糊限制语(Hedge)、疑问词(Tag)、犹豫的语气(Hesitation)等不确定的表达(Lakoff，1975；Sparks 和 Areni，2007；Hosman 和 Siltanen，2011)。Blankenship 和 Holtgraves(2005)，Hosman 和 Siltanen(2006)，Blankenship 和 Craig(2007)等学者界定和研究了低语言强度的不同表现形式，包括模糊限制语(Hedge)、疑问词(Tag)、犹豫语气(Hesitation)等。Durik 等(2008)进一步丰富了语言强度的内涵，将低语言强度的模糊限制语形式(Hedge)从两个维度上进行了分类，一是模糊的位置(数据模糊/解释模糊)，一是模糊的类型(通俗语言的模糊/专业语言的模糊)。Sparks 和 Areni(2008)进一步对语言强度的本质进行更清晰的界定，认为语言强度是信息类型(Message Type)，对比的将论据质量界定为信息实质

(Message Substance)。学者们发现，弱势语言的一种——模糊限制语(例如可能、有点、大概等)，会通过影响人们对语言及语言传播的评估减弱语言来源及语言的说服力(Gibbons 等，1991；Durik 等，2008；Hosman 和 Siltanen，2011)。然而，强势语言对说服力的正效应在一些研究中也出现了意外情况，如，语言强度对说服力的影响在语言采用录音形式展示时存在而在书写形式时失效(Sparks 等，1998)，科学家对自己的研究表现出不确定时受到的评价更高(Jasen 等，2008)。

关系类型：在电商与消费者互动情境下，关系类型(Connection Type)分为好友关系和非好友关系。电商在运用短消息、微信朋友圈推送某一品牌的信息时，好友关系通常属于电商某一品类的用户。好友关系突出了被关注者即品牌，从而使得品牌对粉丝产生购买影响。非好友关系通常是属于电商平台其他品牌的用户，但之前不属于这一品牌的用户，虽然是非关注关系，用户会自动收到对方促销推广活动的更新，即用户收到的社交活动更新来自电商的推广信息。从功能上讲，电商环境下的关注关系等同于消费者归属于电商平台下的该品牌，而非关注关系则消费者不属于电商平台下该品牌用户，可能来自其他品牌，也可能来自其他渠道获得的用户。品牌与消费者交互方式会影响到人们购买行为。不同的关系类型会带来不同的关系和心理特征差异。相比非好友关系，好友关系的关系强度更高。以往的研究表明，不同的关系强度会导致人们对不同信息内容的分享意愿产生明显差异，强关系下，交互更为亲密、频繁，信息内容重复度较高，传播范围有限，适合深度交互行为，如口碑分享等(Levin 和 Cross，2004；Zhang 等，2014)；弱关系下，交互频率低，信息重复度低，传播范围较广，更适合新鲜信息的传播，如求职信息、技术咨询等(Constant 等 1996)。

研究发现，因为人们倾向于相信强关系和认为他们是真的更了解所评论的产品或服务，所以强关系下网络口碑的效应更强（Bakshy 等，2012；Brown 和 Reingen，1987）。另外，发布者和接收者之间越相似，网络口碑的效应也会更强（Brown 和 Reingen，1987；Forman 等，2008；Naylor 等，2011）

接收者特质：研究发现消费者总是会根据自己信息分享的对象的知识、态度和兴趣来调整自己的信息分享的内容（Krauss 和 Fussell，1991）。并且这种现象几乎在线上和线下都会发生。比如当消费者在谈论食物时，他们会提到餐馆，这种现象的原因可能是环境因素激发了信息分享者头脑中的某部分对应的记忆（Fitzsimons 和 Bargh，2003）。同样一个喜欢足球的信息分享对象的出现也有可能激发信息分享者头脑中关于足球的记忆，从而更有可能分享关于足球的信息（Sperber 和 Wilson，1986）。与上述环境会激发信息分享头脑中的某部分记忆从而影响信息分享者信息分享内容的逻辑类似的还有另外一个逻辑，消费者倾向于分享那些在头脑中靠近前端的信息。其中，环境是重要的诱导因素，如声音、气味、视觉等都有可能激发记忆中的概念，使得这些概念可接近性更强或更靠头脑的前端（Albrecht 和 Higgins 等，1977）。有研究发现相比袜子，消费者更倾向于谈论可见性更强的衬衣或 T 恤，因为衬衣或 T 恤相比袜子更公开，更容易被看到，在头脑中也处于更前端的位置（Berger 和 Schwartz，2011）。这类研究从外部环境激发的观点回答了为什么分享信息以及分享什么信息的问题，但是仍然缺少对消费者实际购买行为影响因素的探讨，使得研究的信息内容有限，且多停留在面上的统计分析。

在线分享信息具有语言强度这一属性。因此，研究将发布者发布信息作为语言强度的信息载体，研究从关注双向性的视角，运用田野实验研究关系类型和语言强度的交互影响机制。研究发现，关注关系下，消费者对弱势语言的可信度评估更高，从而提升对信息内品牌和产品的评价，相比强势语言有更高的购买概率；非关注关系下，消费者对强势语言的可信度评估更高，从而提升对信息内品牌和产品的评价，相比弱势语言有更高的购买概率。在线社区信息关注关系这一开放性变量作为社会线索会影响消费者认知状态从而对消费者购买意愿产生影响。在电商情境下，语言强度对消费者购买意愿的影响还会受到交互情境因素（如接收者与发布者的关注方式）调节。在关注关系下，双方有更强的情感联系与亲密度，信息发出者对信息带来的影响和后果负有直接和全部的责任，为了规避可能的风险与责任，信息发出者在好友关系下相比非好友关系下更在意信息内容的真实性和准确性。在这种认知下，强势语言的绝对性使得其真实性和准确性低于弱势语言，消费者对弱势语言有更高的可信度评估，从而提升对信息内品牌和产品的评价，相比强势语言有更高的购买概率。而在非关注关系下，双方情感联系与亲密度较低，信息接收者对信息发出者认知匮乏、停留在表面情形，信息内容及形式主导对信息接收者的影响。在这种情况下，强势语言表达肯定、情绪强烈、感染力更强，消费者对强势语言有更高的可信度评估，从而提升对信息内品牌和产品的评价，相比弱势语言有更高的购买概率。据此提出假设：

H_1：关注关系调节语言强度对购买行为的影响。

H_{1a}：在发布者是好友关系的情景下，相比于高语言强度信息，个体对低语言强度的信息产生更多的购买行为；

H_{1b}：在发布者是非好友关系的情景下，相比于低语言强度信息，个体对高语言强度的信息产生更多的购买行为。

3.3.2　实证研究与研究贡献

一、实验思路

实验的主要目的是为了研究语言强度、好友关系的交互效应，验证假设，即在发布者非好友关系的情景下，相比于低语言强度信息，消费者对高语言强度的信息产生更多的购买行为；在发布者是好友的情境下，相比于高语言强度网络口碑，个体对低语言强度的信息产生更多的购买行为。通过田野实验对假设进行验证。

因此，实验设计为2(语言强度：高 vs 低)×2(关系类型：好友 vs 非好友)的组间实验。随机在品牌好友关系和非好友关系组中各抽取了两组中，分别接受自变量不同水平和调节变量不同水平的启动，然后根据消费者设计的信息并测量因变量信息评价，接着被试会接受网络口碑强度和身份披露的操控检验，最后是人口统计信息的采集。

二、田野实验设计

1. 语言强度设计

实验采用某电商平台某品牌的消费者短消息上发布文字信息，选择某品牌的益生菌米粉作为实验刺激物，并参考以往文献对强势语言/弱势语言的描述对网络口碑进行语言强度的操控(Hosman，2002；Sparks 和 Areni，2008；Hosman 和 Siltanen，2011；Winter，2014)。高语言强度信息：益生菌米粉3+3组合预售，片状冲泡非常细腻，营养特别容易吸收，特别添加益生元，帮助宝宝维持肠道健康，20号0—1点免定金，11号前3分钟支付尾款减 20”。低语言强度信息:“益生菌米粉 3+3 组合预售,片状冲泡应该更细腻,营养吸收还不错,添加了益生元,20 号 0—1 点免定金,11 号前 3 分钟支付尾款减 20”。

信息强度操控采用预测试,被试 62 人,用李克特 9 级量表(1=非常不同意,9=非常同意)对问项“这条信息表达是确定的”、“这条信息表达是有力的”($\alpha=0.88$)进行测量,将感知语言强度为因变量,语言强度为自变量进行分析。结果显示,个体对高语言强度信息的打分(M=5.47,SD=2.21)相比于低语言强度信息更高(M=3.88,SD=1.94);($F(1,61)=8.97$,$p=.004$)。

2. 关系类型设计

好友关系的操控表现在是否是本品牌的消费者,在关注关系组,消费者曾经购买过该品牌的产品;在非关注关系组,消费者没有买过该品牌,但是是电商平台其他品牌用户。

三、实验过程

在电商的 CRM 数据库中随机抽取 908 位用户,其中关注关系即该品牌原有用户 478 人,非关注关系,即其他品牌用户(从未买过该品牌用户)430 人。在电商平台中,两组选择尽量在订单、购买频次及购买金额中类似。结果表明关注关系组中,订单均值=2.63,SD=2.64,购买频次=1.58,SD=.85,金额均值=338.71,SD=350.11。非关注关系组中,订单均值=2.46,SD=2.64,购买频次=1.64,SD=.89,金额均值=332.47,SD=375.40。

在关注关系中,看到高语言强度信息的用户是 239 人,看到低语言强度信息 239 人;在非关注关系中,看到高语言强度信息的用户是 210 人,看到低语言强度信息 220 人。

四、结果分析

推广活动一星期后，最终两组一共产生 136 个购买行为。其中，关注关系产生 74 个购买，非关注关系产生 62 个购买。将购买行为作为因变量，语言强度和关系类型作为自变量进行 logistic 分析。结果显示，语言强度和关系类型对购买行为的交互显著（$F=12.65$；$p=.000$）。在关注关系下，高语言强度信息购买行为为 29 个，少于低语言强度信息下的购买行为 45 个（$p=.04$），在非好友关系下，高语言强度信息购买行为为 41 个，高于低语言强度信息下的购买行为 21 个（$p=.003$），假设得到验证。

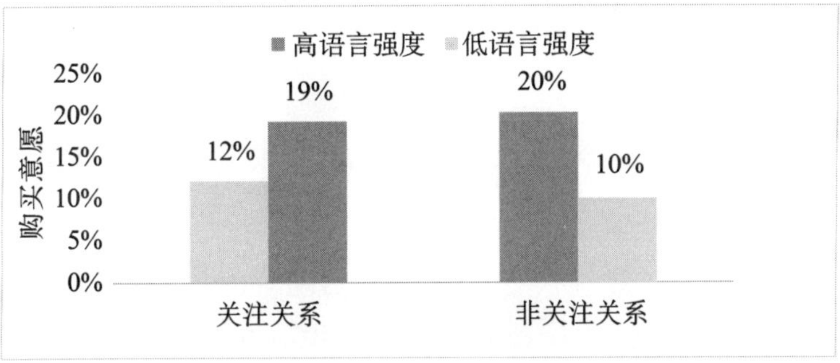

图 3-6　田野实验结果
Fig. 3-6　The results of field study

五、实验讨论

基于田野实验分析，关注关系与语言强度匹配能促进消费者的实际购买行为。本节基于田野实验研究发现，关注关系下，消费者对弱势语言的可信度评估更高，从而提升对信息内品牌和产品的评价，相比强势语言有更高的购买概率；非关注关系下，消费者对强势语言的可信度评估更高，从而提升对信息内品牌和产品的评价，相比弱势语言有更高的购买概率。田野实验的数据分析，一方面从实践角度验证了在线社区开放性对消费者信息分享意愿的影响作用，形成理论、实践的研究闭环，另一方面将在线社区开放性对消费者的影响研究拓展到购买行为，进一步增强了实践指导价值。

田野实验也存在不足，由于在电商平台上，受到收入等经济考核影响，选择实验人数不能太多，以免影响公司的正常运营；其次，验证了语言强度和关系类型对购买行为交互效应，但交互效应背后的解释机理并未探究清楚，将实验一的刺激物为快消产品——米粉，而信息的内涵包括所有和产品/服务相关的消费信息分享，后面也需要选择其他类型的产品/服务提高研究的普适性。

第四章　在线社区接收者开放性对信息分享内容和行为的影响机理

根据发出者—渠道关系—接收者的信息传播模型，接收者开放性特征是重要的开放性维度，影响在线社区接收者信息分享内容和行为，包括信息评价、信息分享意愿、品牌态度以及购买意愿等。研究发现，居住流动性是最重要的关系开放性特征之一，接收者居住流动性的高低（是否频繁更换居住地），对其信息分享内容和行为有重要影响。这种影响还受到相关信息特征的作用，因此本章加入内容独特性、语言极端性信息特征，研究了接收者开放性和信息特征对信息分享内容和行为的交互影响。

本章首先研究了接收者开放性的居住流动性和内容独特性对信息分享意愿的交互影响及影响机理；其次研究了接收者开放性的居住流动性和语言极端性对信息分享意愿的交互影响及影响机理。

4.1　接收者开放性—居住流动性和内容独特性对信息分享意愿的影响机理

本节研究了居住流动性对信息分享意愿的影响，结果表明：

(1)相比低居住流动性的个体，高居住流动性的个体对独特性信息分享意愿更强。(2)感知独特性对居住流动性影响独特性信息分享意愿起到中介作用。(3)当个体感知可变时，相比低居住流动性的个体，高居住流动性的个体对独特性信息分享意愿更强；当个体感知不可变时，该效应发生逆转。

当代社会，随着我国城市化进程的加快，社会居住流动性不断加剧。“十三五”时期，人口继续向沿海及主要交通线地区聚集，北上广深等超大城市和特大城市人口继续增长，2016 年我国流动人口达到 2.45 亿人，占总人口比例高达 17.7%。而从微观层面看，居住流动性也会对个体的情绪、认知以及行为造成重要影响(Stephen 和 Galak，2012)。目前国内外少有研究探讨居住流动性对用户信息分享行为的影响。随着整个社会居住流动性的居高不下，我们需要关注居住流动性对市场营销的影响。那么居住流动性是否会影响信息分享行为呢？如果有影响，会影响哪些信息并且是什么机理导致的？这种影响的边界条件又是什么？

4.1.1　文献回顾与研究假设

一、居住流动性

居住流动性(Residential Mobility)定义为个体更换居住地的频率。在个体层面，居住流动性可以被解释为，在过去某一段时间内或预期的未来某一段时间内，个体更换居住地的次数。在宏观层面，居住流动性可以被解释为，过去或未来的某段时间内，某特定地区的更换居住地的居民的比例。居住流动性提供了个体所处的社交网络的一种情境，因此对心理学理论和研究非常有用(Stephen 和 Galak,2012)。

居住流动性在个体的思想、情绪和行为中扮演着重要的角色。首先,居住流动性会影响自我构念,高居住流动性的人们更倾向于以个人特征定义自我,而低居住流动性的人们更愿意以社会角色定义自我(Godes 和 Mayzlin,2004;Trusov,Bucklin 和 Pauwels,2009)。也就是说,居住流动性越高,人的个体自我构念越强,集体自我构念越弱(Oishi,2010)。其次,居住流动性也会影响人们的社交动机和择友标准。例如,有学者实验证明,童年经常搬家的大学生有更庞大的社交网络,有更多的 Facebook 好友,也更愿意交新朋友(Baumeister,1986)。同时,高居住流动性的人的择友标准更倾向基于个人偏好和感知相似性,而低居住流动性的人的择友标准则更倾向基于先赋地位(比如家庭关系,集体成员等)(Taylor,1989)。最后,居住流动性也会直接影响人的价值观(Davenport 和 Prusak,1998)。居住流动性低的人所追求的生活意义在于他们的人际关系,居住流动性高的人所追求的生活意义在于他们的个人成就,比如财富、名利等(石艳霞,2010)。

以上研究都体现了居住流动性对个体在思想、情绪、社交意愿的重要影响,并没有涉及到用户信息传播行为方面的问题。而在信息分享行为的研究中,又大多以单个用户的心理动机出发,少有对宏观层面信息分享行为差异的解释。实际生活中,用户并非孤立的个体,所处的社会环境会影响用户的心理状态,但目前国内外少有研究考虑社会环境对用户信息传播行为的影响。本节从用户所处的社会生态——居住流动性的视角出发,研究居住流动性对独特性信息分享意愿的影响,填补了居住流动性在信息传播行为方面研究的空白。

二、居住流动性对独特性信息分享意愿的影响：感知独特性的中介作用

独特性指事物的新奇、独特、小众等特质。独特性的信息分享和独特性消费行为都与人们的独特性需求有着直接的联系。独特性需求是一种个体层面的特征，例如高独特性需求的人会希望拥有更多独特的、小众的产品（张彦超，2012）。此外，人们的独特性需求也会体现在社交传播行为中，例如会倾向于谈论新奇、独特或令人意外的事物（Dellarocas，Zhang 和 Awad，2007），因为这样可以反映出个体喜欢分享独特的信息，让人看起来更有趣、更消息灵通（童程芹，2014）。

以往学者研究表明，居住流动性对人们的独特性需求及行为有显著影响。居住流动性高（相比居住流动性低）的人，更重视个人（相比重视集体），会有更强的独特性消费需求。过往的居住流动经历会促进个体展现个人特征的动机，促进个体购买和展示独特性产品的行为（胡吉明等，2013）。

本节认为，相对于低居住流动性的个体，高居住流动性的个体更倾向于用个人特质定义自己（Godes 和 Mayzlin，2004；Trusov，Bucklin 和 Pauwels，2009），有更强的展现个人特征的动机（胡吉明等，2013），并倾向基于个人偏好和感知相似性进行择友和交友，在社交中希望自己与众不同，对自己的感知独特性更高。当接收到独特性信息时，高居住流动性的个体感知独特性更高，更倾向于分享接收到的独特性信息，从而展现个人独特的特质。因此，相比地居住流动性的个体，高居住流动性的个体的对自己的感知独特性更高，对独特性信息的分享意愿更强。综上，提出假设：

H_1：相比低居住流动性的个体，高居住流动性的个体对独特

性信息分享意愿更强。

H_2:感知独特性是居住流动性影响独特性信息分享意愿的中介变量。

三、居住流动性对独特性信息分享意愿的影响:感知可变性的调节作用

人们发展和使用内在理论(Lay Theories)来理解各种事件,并用来诠释和预测周围的世界(鲍丽娟,2013),其中研究最多的是关于人格特质的可塑性的内隐人格理论(Implicit Theories)。Dweck等人认为有两种内隐人格理论维度——实体论和渐变论(Berger,2014)。两种理论的核心区别在于,实体论者相信人的特质、观念和生活周围的事物是相对固定的,而渐变论者相信人的特质、观念和生活周围的事物是动态的和可塑造的(Berger和Milkman,2012)。在社会认知方式、动机、消费行为方面,两者也有截然不同的表现。

尽管人们长期会倾向于实体论或者渐变论,但内隐人格可以在实验中被情境暂时操控(Berger,2011;Chen和Berger,2013),体现为感知可变性(Berger和Heath,2007),主要有三种操控方式引发被试不同的感知可变倾向:阅读文章、观看广告宣传和观看视频。

本节认为,感知可变性对居住流动性对独特性信息分享意愿的影响有调节作用。在信息接收者感知可变时,感知可变性会强化高居住流动性个体的不稳定感,高居住流动性个体希望自己与众不同的动机更强,感知独特性更高,因而分享独特性信息的意愿更强。当信息接收者感知不可变时,会倾向于认为人类的特质、观念和周围的事物是固定而不能改变的,追求他人对自己的积极评

价并避免消极评价(Pennebaker 等,2007),只想做让自己或他人认为“正确的事”来塑造自己的形象(Berger 和 Buechel,2012)。相比于低居住流动性的个体,高居住流动性的个体人际关系更广泛、随性和淡薄(Barasch 和 Berger,2014),为了迎合更多人的观念,高居住流动性的个体会为避免自己与他人与众不同,对自己的感知独特性更低,从而更愿意分享大多数人可接受的低独特性信息。因此当信息接收者感知不可变时,相比低居住流动性个体,高居住流动性个体对独特性信息的分享意愿更弱。综上,提出假设:

H_3:感知可变性对居住流动性影响独特性信息分享意愿起到调节作用。

H_{3a}:当个体的感知可变性是可变的时,相比于低居住流动性的个体,高居住流动性的个体更愿意分享独特性信息。

H_{3b}:当个体的感知可变性是固定的时,相比于低居住流动性的个体,高居住流动性的个体更不愿意分享独特性信息。

4.1.2　实验研究

一、实验一:居住流动性对独特性信息分享意愿的影响

(一) 实验设计与方法

实验一采用 2(居住流动性:高 vs 低)×2(信息独特性:高 vs 低)实验设计,采用组间对比法,验证假设 1。由于想要更严密地测量独特性信息的分享意愿,实验一将信息独特性作为调节变量,让被试者分别看到高独特性信息和低独特性信息,并进行组间对比。首先进行两个预实验,分别验证对居住流动性和信息独特性的操控,然后进行主实验。来自上海某高校的 168 名学生(女性 97 人,年龄均值=24.46,SD=3.87)参与本次实验。

1. 居住流动性操控

参考 Oishi 等人的选词造句的操控方法(Rimé,2009;Pennebaker,Zech 和 Rimé,2001)。每个被试将看到 6 组选词造句题目,每组有四个词语,并被要求从每组中选出 3 个词语,结合实际或想象组成短语或句子。高居住流动性组被试看到的 6 组词均与居住流动相关(如他乡、漂泊、离开、搬家、租房、流动),低居住流动性组看到的 6 组词均与居住稳定相关(如熟悉,房子,家庭,安定,稳定,故乡)。

居住流动性的操控检验通过预实验进行,样本群体与主实验类似,57 名学生(女性 35,年龄均值$=25.4$,$SD=3.48$)参与实验。感知居住流动性采用李克特 7 级量表对以下问项进行测量:“您认为您的生活状态有多稳定?”(1=非常不稳定,7=非常稳定)。预实验将感知居住流动性作为因变量,居住流动性作为自变量进行方差分析。结果显示居住流动性对感知居住流动性存在主效应($F(1,55)=5.15$,$p<.05$,$\eta_p^2=.86$),个体对高居住流动性的打分($M=4.00$,$SD=1.53$)相比于低居住流动的更低($M=4.94$,$SD=1.56$)。

2. 信息独特性操控

采用新浪微博平台发布的信息截图,选择书店为实验刺激物,并参考 Wan 等人的操控方法(Rimé,2007)。高独特性信息组被试将被展示如下新浪微博图文信息:信息发布者用户名是“雪顶咖啡”,头像是普通宠物猫的图片。所发布的图片是三张该书店各角落的照片,没有明显的性别特征;文字是“#钟书阁#推荐这家小众的书店!相当文艺~在这家店里拍照会有种来到多维立体空间的感觉,仿佛进入了书的海洋!美哉!”;转发数是 1,评论数是 3,点赞数是 2,表明该信息是比较独特的信息。低独特性信息组被试将被展示如下新浪微博图文信息：信息发布者用户名、头像、所发布的图片与高独特性信息组保持一致；文字是“＃钟书阁＃推荐这家网红的书店！相当文艺～在这家店里拍照会有种来到多维立体空间的感觉，仿佛进入了书的海洋！美哉！”；转发数是75，评论数是123，点赞数是173，表明该信息是比较大众的信息。

信息独特性的操控检验通过预实验进行，样本群体与主实验类似，61名上海某高校学生（女性36人，年龄均值＝25.13，SD＝6.51）参与实验。感知独特性采用李克特7级量表对以下问项进行测量：“请问您认为这条信息有多独特？”（1＝非常不独特，7＝非常独特）。预实验将感知独特性作为因变量，信息独特性作为自变量进行方差分析。结果显示信息独特性对感知独特性存在主效应（$F(1,59)=4.06, p<.05, \eta_p^2=.64$），个体对高独特性信息的打分（$M=3.87, SD=1.59$）相比于低独特性信息更高（$M=3.07, SD=1.53$）。

3. 分享意愿

采用李克特7级量表对以下问项进行测量：“您愿意转发这条信息吗？”（1＝非常不愿意，7＝非常愿意）。

（二）实验结果与讨论

将信息分享意愿作为因变量，居住流动性和信息独特性作为自变量进行方差分析。结果显示，均不存在主效应（$F's<1$），交互效应显著（$F(1,164)=3.16; p<.05, \eta_p^2=.06$），进一步分解交互效应，在高信息独特性的情况下，高居住流动性组的个体的信息分享意愿（$M=2.71, SD=1.61$）高于低居住流动性组的个体（$M=2.07, SD=1.44$）（$F(1,164)=4.21, p<.05, \eta_p^2=.03$）；在低信息独特性的情况下，高居住流动性组的个体的信息分享意愿（$M=1.97, SD=1.11$）低于低居住流动性组的个体（$M=2.70, SD=1.55$）（$F(1,164)=5.26, p<.05, \eta_p^2=.03$）。假设1得到验证。

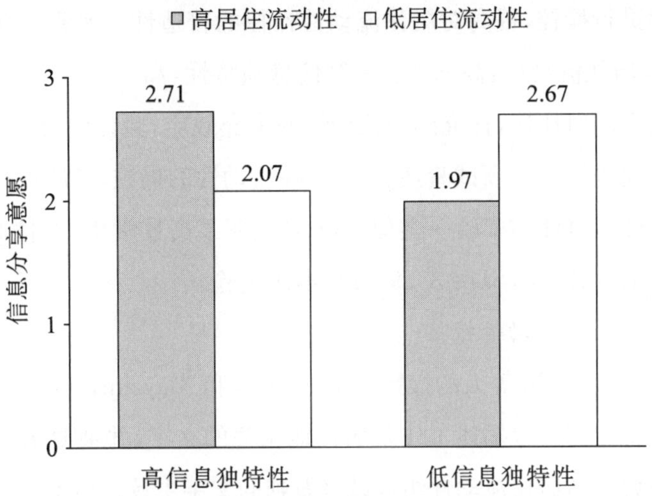

图 4-1 实验一结果
Fig. 4-1 The results of study 1

实验一验证了居住流动性和信息独特性对信息分享意愿的交互作用，即相比低居住流动性的个体，高居住流动性个体对独特性信息分享意愿更强。

实验一也存在一些不足之处。首先，实验一对居住流动性的操控方法为选词造句，让被试的感知居住流动性水平产生暂时差异，但未能从居住流动性的定义——个体更换居住地的频率出发，操控方法有局限性。其次，居住流动性对独特性信息分享意愿的影响的机理还需要进一步的实验探究。实验二将采用其他居住流动性的操控方法提高普适性，并引入感知独特性解释其中介机理。

二、实验二：感知独特性对居住流动性影响独特性信息分享意愿的中介作用

（一）实验设计与方法

在实验二中，我们采用想象为了工作和居住地点来对居住流

动性进行操控，提高对居住流动性操控的普适性。实验二继续采用 2(居住流动性：高 vs 低)×2(信息独特性：高 vs 低)实验设计，采用组间对比法，探究感知独特性的中介效应，验证假设 2。实验二首先进行一个预试验，验证对居住流动性的操控，然后进行主实验。样本群体与实验一类似，171 名上海某高校学生(女性 97，年龄均值=22.98，$SD=3.29$)参与本次实验。

1. 居住流动性操控

参考 Oishi 等人的操控方法(Godes 和 Mayzlin，2009)。每个被试将看到一段描述工作及居住地相关的文字，并被要求写下三点感想。高居住流动性组被试将看到的文字主旨是想象自己即将入职的公司组织架构是项目制的，每两年项目组就被解散，员工会分配到新的城市，和其他员工组成新的团队。低居住流动性组被试将看到的文字主旨是想象自己即将入职一份非常稳定的工作，至少未来 10 年都在上海，团队非常固定。阅读后要求被试写下关于生活方式、生活在不同城市或朋友关系等三点感想。

居住流动性的操控检验通过预实验进行，60 名学生(女性 39，年龄均值=22.87，$SD=2.12$)参与实验。感知居住流动性采用李克特 7 级量表对以下问项进行测量："您认为您的生活状态有多稳定?"(1=非常不稳定，7=非常稳定)。预实验将感知居住流动性作为因变量，居住流动性作为自变量进行方差分析。结果显示居住流动性对感知居住流动性存在主效应($F(1,58)=6.74$，$p<.05$，$\eta_p^2=.10$)，个体对高居住流动性的打分($M=4.23$，$SD=1.07$)相比于低居住流动的更低($M=4.93$，$SD=1.02$)。

2. 信息独特性操控

采用新浪微博平台发布的信息截图，选择日式居酒屋为实验刺激物，并参考 Wan 等人的操控方法。高独特性信息组被试将被展示如下新浪微博图文信息：信息发布者用户名是“Moonir”，头像是普通卡通人物喜羊羊的图片。所发布的图片是三张该日料店的食物照片，没有明显的性别特征；文字是“＃＃KOTA’SKITCHEN＃强推这家小众的日式居酒屋～以甲壳虫乐队为主题的日式居酒屋，特色手工腌菜及自酿啤酒人气满满，小而精致的内部装饰诠释日式匠心，好喜欢～”；转发数是1，评论数是3，点赞数是2，数量明显比较少，表明该信息是个比较独特的信息。低独特性信息组被试将被展示如下新浪微博图文信息：信息发布者用户名、头像、所发布的图片与高独特性信息组保持一致；文字是“＃KOTA’SKITCHEN＃强推这家网红的日式居酒屋～以甲壳虫乐队为主题的日式居酒屋，特色手工腌菜及自酿啤酒人气满满，小而精致的内部装饰诠释日式匠心，好喜欢～”；转发数是75，评论数是123，点赞数是173，数量明显比较多，表明该信息是个比较大众比较流行的信息。

3. 感知独特性测量

采用李克特7级量表对以下问项进行测量：“请问您认为您自己有多独特？（1＝非常不独特，7＝非常独特）”

4. 分享意愿测量

采用李克特7级量表对以下问项进行测量：“您愿意转发这条信息吗？（1＝非常不愿意，7＝非常愿意）”。

5. 信息独特性操控检验

采用李克特7级量表对以下问项进行测量：“请问您认为这条信息有多独特？（1＝非常不独特，7＝非常独特）”。

（二）实验结果与讨论

1. 信息独特性操控检验

将感知独特性作为因变量，信息独特性作为自变量进行方差分析。结果显示信息独特性对感知独特性存在主效应（$F(1,169)=4.29, p<.05, \eta_p^2=.03$），个体对高独特性信息的打分（$M=3.80, SD=1.50$）相比于低独特性信息更高（$M=3.31, SD=1.57$）。

2. *居住流动性和信息独特性对信息分享意愿的交互效应*

将信息分享意愿作为因变量，居住流动性和信息独特性作为自变量进行方差分析。结果显示，均不存在主效应（$F's<1$），交互效应显著（$F(1,167)=5.48; p=.001, \eta_p^2=.09$）。进一步分解交互效应，在高独特性信息的情况下，高居住流动性组的个体的信息分享意愿（$M=2.80, SD=1.65$）高于低居住流动性组的个体（$M=1.85, SD=.98$）（$F(1,167)=9.52, p<.01, \eta_p^2=.06$）；在低独特性信息的情况下，高居住流动性组的个体的信息分享意愿（$M=1.77, SD=.87$）低于低居住流动性组的个体（$M=2.47, SD=1.89$）（$F(1,167)=5.52$, p$<.05, \eta_p^2=.03$）。假设1得到验证。

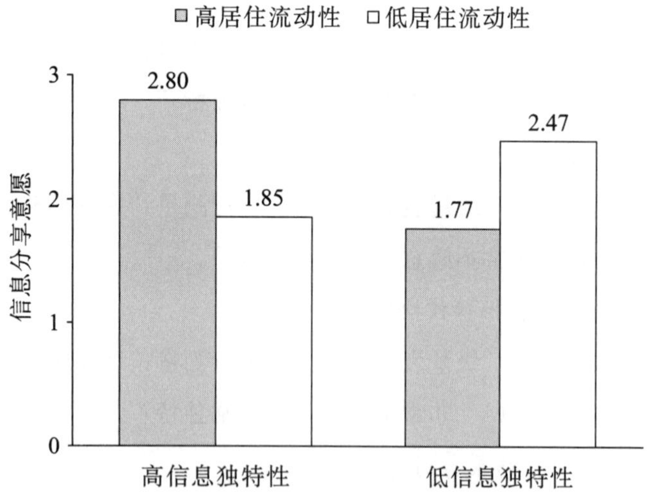

图4-2　实验二结果

Fig. 4-2　The results of study 2

3. 感知独特性的中介效应

本节根据 Preacher 等的模型 8 进行了调节中介的分析(Keller 和 Libai,2009),用 bootstrap 抽样 10000 次来进行回归,分析结果表明,在中介模型中,居住流动性×信息独特性交互预测了感知独特性($B=.87, t=2.08, p<.05$);在因变量模型中,感知独特性预测了信息分享意愿($B=.36, t=4.84, p<.001$),居住流动性×信息独特性对信息分享意愿的交互预测显著($B=1.34, t=3.27, p<.01$)。在高信息独特性条件下,感知独特性是交互效应的中介(间接影响的效应是－.73,95%置信区间不包括 0[－1.30,－.15])。在低信息独特性条件下,感知独特性是交互效应的中介(间接影响的效应是.61,95%置信区间不包括 0[.05,1.17])。进一步而言,高阶的交互影响的间接效应是显著的(效应是.31,95%置信区间不包括 0[.03,.73]),这验证了假设 2,即感知独特性的部分中介机理。

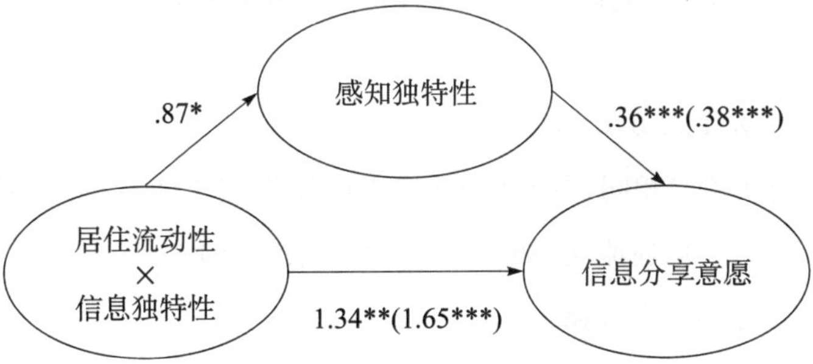

图 4－3　实验二的中介结果
Fig. 4－3　The mediation results of study 2

实验二用不同的居住流动性操控进一步验证了居住流动性和信息独特性对信息分享意愿的交互作用。同时验证了感知独特性对居住流动性影响独特性信息分享意愿的中介效应,高居住流动性的个体感知独特性更高,分享独特性信息的意愿更高。但居住流动性的影响作用会一直存在吗,什么条件下会逆转呢?实验三将进一步探究居住流动性对独特性信息分享意愿的影响的边界条件。

三、实验三:感知可变性对居住流动性影响独特性信息分享意愿的调节作用

(一) 实验设计与方法

实验三进一步探究感知可变性对居住流动性影响独特性信息分享意愿的调节作用。实验三采用了2(居住流动性:高 vs 低)×2(感知可变性:可变 vs 固定)实验设计,采用组间对比法,探究感知可变性的调节效应,验证假设3。为了使得实验更加严谨,实验三参考了Wan等人的实验方法(Rimé,2007),同时向被试展示低独特性和高独特性信息,由被试选择转发哪一条信息,将选择转发高独特性信息的人数百分比作为因变量——独特性信息分享意愿。134名上海某高校学生(女性71人,年龄均值=24.19,SD=3.79)参与本次实验。

1. 居住流动性操控

与实验二相同,参考Oishi等人的操控方法(Godes和Mayzlin,2009)。居住流动性的操控检验通过预实验。

2. 感知可变性操控

参考Levy等人的操控方法(Moe和Trusov,2011),感知可变组被试将阅读关于更换工作对职业发展更好,感知固定组将阅读坚持原工作对职业发展更好的短文并写下主旨。

感知可变性的操控检验通过预实验进行,样本群体与此前居住流动性的预试验操控检验选取的样本类似,均为上海某高校学生59人(女性31人,年龄均值=22.75,SD=2.19)。感知到的感知可变性的测量参考Kray和Haselhuhn的方法(Wang,Yu

和 Fesenmaier，2002)，采用李克特 7 级量表对以下问项进行测量:“您认为您未来有多大可能会更换工作?（1＝非常不可能，7＝非常可能)”。预实验将感知到的感知可变性作为因变量，感知可变性作为自变量进行方差分析。方差分析结果显示感知可变性操控有效($F(1,57)=4.47, p<.05, \eta_p^2=.07$)，可变组受试者的打分($M=5.33, SD=1.18$)相比于固定组的更高($M=4.62, SD=1.40$)。

3. 独特性信息分享意愿测量

信息与实验二相同。被试将同时看到高信息独特性和低信息独特性的两个新浪微博图文。独特性信息分享意愿的测量参考 Wan 等人的方法(Rimé，2007)，采用李克特 7 级量表对以下问项进行测量:“请问您更愿意转发哪条信息?（选择图一是高独特性信息，选择图二是低独特性信息)”，采用愿意转发图一人数的百分比作为因变量独特性信息分享意愿。

（二）实验结果与讨论

将独特性信息分享意愿的选择进行编码，选择图一时编码为 1，选择图二时编码为 2，将信息选择作为因变量，居住流动性作为自变量进行卡方检验。结果显示，居住流动性和感知可变性存在显著的交互效应($\chi^2=12.60, p<.001$)。进一步分解交互效应，当感知可变性是可变的情况下，高居住流动性组中有 65.7%的被试选择分享高独特性信息，然而低居住流动性组中仅有 28.6%的被试选择高独特性信息($\chi^2=9.69, p<.01$)；当感知可变性是固定的情况下，高居住流动性组中仅有 39.4%的被试选择分享高独特性信息，然而低居住流动性组中有 64.5%的受试者选择高度特性信息($\chi^2=4.04, p<.05$)。假设 3 得到验证。

实验三验证了感知可变性对居住流动性影响独特性信息分享

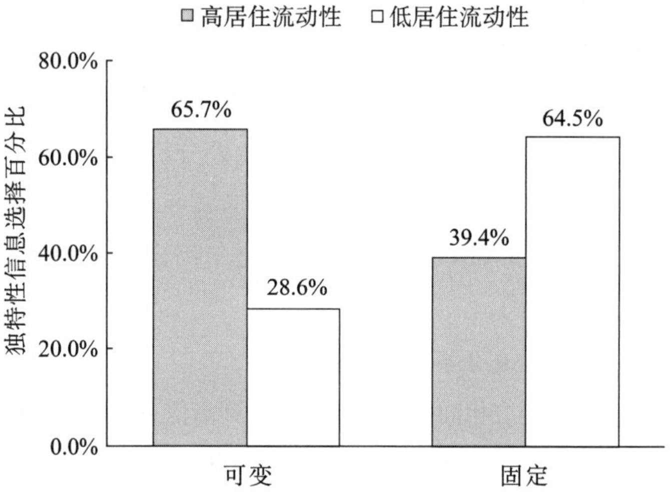

图 4-4 实验三结果

Fig. 4-4 The results of study 3

意愿的调节作用，即当个体的感知可变性是可变的时，相比于低居住流动性的个体，高居住流动性的个体独特性信息分享意愿更高；当个体的感知可变性是固定的时，相比于低居住流动性的个体，高居住流动性的个体独特性信息分享意愿更低。实验三采用了与实验一、二不同的转发意愿测量方式，采用对高低独特性信息选择的方式进行测量，使得实验更加严谨。

4.1.3 研究贡献

一、研究结论

首先，本节从信息发布者的社会属性的视角出发，引入居住流动性作为影响信息分享意愿的前因，探究了居住流动性对独特性信息分享意愿的影响，相比低居住流动性的个体，高居住流动性的个体对独特性信息分享意愿更强。

其次，本节探讨了住流动性对独特性信息分享意愿的影响背后的机理，即感知独特性的中介作用。最后，本节进一步发掘了感知可变性的调节作用，当个体感知可变时，相比低居住流动性的个体，高居住流动性的个体对独特性信息分享意愿更强；当个体感知不可变时，该效应发生逆转。

二、理论贡献

本节用实验的方法研究了社交网络中居住流动性对独特性信息分享意愿的影响及其机理，并验证了感知可变性的调节作用。本节的研究结论主要有三个理论贡献。首先，本节引入了信息发布者的居住流动性作为信息分享意愿的前因，不仅丰富了信息分享意愿领域的研究，从更宏观层面上(例如城市间)解释了用户在信息分享行为上的群体性差异，在处于城镇化进程中的中国，具有更大的实践意义；同时也拓宽了对居住流动性效应的研究，填补了居住流动性在信息传播行为方面研究的空白。其次，本节阐释了居住流动性对独特性信息分享意愿的影响受到感知独特性的中介作用。最后，本节还引入了感知可变性作为调节变量，在个体感知可变性是固定的时，居住流动性对独特性信息的分享意愿会发生逆转，验证了主效应的边界条件。

4.2　接收者开放性—居住流动性和语言极端性对信息分享意愿的影响机理

移动社交网络为难以融入传统社交的流动人口提供了一种沟通平台，通过分享信息，建立社会联系，从而获得社会认可。以往的研究缺乏从社会影响的视角，去研究在线信息分享行为的影响因素，因此，居住流动性，即个体更换居住地的频率，对不同语言表达形式的在线信息分享意愿的影响研究，给信息分享理论提供了新的视角。本节研究了居住流动性和语言极端性对信息分享意愿的影响及其机理，研究结果表明：相对于低居住流动性群体，高居住流动性群体为了满足自身归属感的需求，将会避免极端性信息的分享。具体而言，当语言极端性高时，相比低居住流动性个体，高居住流动性个体的信息分享意愿更低。当语言极端性低时，低居住流动性的个体与高居住流动性的个体的信息分享意愿无差异（实验一和实验二）；归属需求是居住流动性和语言极端性交互影响信息分享意愿的中介变量（实验三）。

据统计，我国每年新增约 2000 万人口进入城市（赵时亮和高扬，2014）。微观层面上，人口流动会对个体的情绪、认知以及行为造成重要影响（Oishi，2010）；宏观层面上，如此巨大规模的人口流动势必会对社会、经济产生深刻影响。中国卫计委报告显示改革开放以来，中国人口处在流动、分离和聚合的巨大变动中，截至 2015 年底，我国流动人口数量达 2.47 亿，相当于每六个人中就有一个是流动人口。随着流动人口的居留稳定性增强，其融入城市的愿望空前强烈，家庭化迁移日益成为主流。通过对上海、天津等七大城市的调查发现，拥有定居意愿的流动人口占到了 60.3％。

今天大量三、四、五线城市和乡村的年轻人为了追求更好的生活离开原来的社交圈，选择涌入一、二线城市进行工作生活。然而在工作之外，他们却面临着与原生环境社交圈割裂，难以快速融入当地社交网络的尴尬局面。这些年轻人在新的城市需要重新构建新的社交圈，因此，具有非常高的社交需求。为了满足其社交归属的需求，微博、微信、陌陌、抖音、快手等各种社交产品应运而生，从不同的角度发掘和满足了这些人们对表达、沟通联络的需求，可以实现与平时想接近却又无法亲近的人的交流。这满足了流动人口的刚需，并填补了地域社交圈子异化的人们现实空虚所产生的社交缺口。流动人口适应、融入新社交环境的过程将对个体的信息分享行为产生重要影响。流动人口往往难以融入城市社交网络，缺少与城市人口的沟通和交流，因而他们更有交流分享的意愿，而移动社交网络为流动人口提供了这样的交流平台。因此研究居住流动性（个体更换居住地的频率（Oishi，2010））对分享产生的影响是有意义的。

以往研究对于居住流动性在社交行为方面更多关注于线下的社交行为，如面对面交流、打牌等娱乐活动等（Eggleston 和 Oishi，2013），较少涉及其对在线信息分享行为的影响；主要关注了交友动机、择友标准和个体情感三个方面（Eggleston 和 Oishi，2013；Oishi 等，2013；Oishi 等，2011），但对分享行为的影响较少涉及。其次，过去研究中对在线信息分享行为的影响主要集中在从不同动机角度解释不同内容的信息更容易被分享的原因（Berger，2014；Berger 和 Milkman，2012；Berger，2011；陈洁，刘玉琦和韦俊龙，2018；刘涛，陈洁和韦俊龙，2016；刘玉琦，陈洁和韦俊龙，2017；侯楠，赵希男和杨皎平，2018），缺乏从社会影响的视角，去研究居住流动性对在线信息分享行为的影响。相对线下环境，在线社区中如居住流动性等社会属性的影响日趋显著，因此，从社会影响的视角研究居住流动性对在线信息分享行为的影响具有重要的理论意义。再者，以往信息分享研究多关注内容特征（Heath，Bell 和 Sternberg，2001；Chiu 等，2007；Belk，1998；Cheema 和 Kaikati，2010；Moldovan，Yael 和 Ofen，2012），少关注语言表达属性。现在朋友圈常出现一些极端性的标题信息“这家回头客100%的餐厅，是最好的餐厅，没有之一”，但也出现一些如“回头客超过60%，可能是最好的餐厅”等语言极端性低的信息。设想一下，当消费者在在线社区中看到一条对某产品和服务的极端消息(文字或视频)时，其最有可能的反应就是分享这条信息。上述预测看似很合理。但是有没有可能越是极端的信息，消费者越有可能不分享？那是否存在一定条件，使得传递的信息越极端，消费者越有可能不分享？针对上述问题，我们认为居住流动性对消费者的分享行为在一定程度上还受到信息内容是极端或者不极端的调节影响。那么居住流动性如何影响极端性信息的分享意愿？其背后的原因是什么呢？

归属需求是人们建立人际交往和联结的需求(Baumeister 和 Leary，1995)。对于居住流动性高的人而言，平时交流的缺失使得他们归属需求更强烈；出于满足自身归属需求的需要，他们会通过网络分享信息来建立社会联系，获得社会认可。而为了获得更多的网络社区认同，他们倾向于避免极端信息的传播以减少可能的分歧发生，从而，实现流动人口的社会融入。

本节区别于以往对居住流动性效应的研究主要关注线下社交行为，进一步探究了居住流动性在在线信息分享领域的影响；区别于以往对信息分享前因研究大多从信息发布者的心理动机和信息的内容属性出发，从信息发出者社会属性——居住流动性和语言表达属性——语言极端性视角出发，研究了不同极端性语言信息下，居住流动性对信息分享意愿的影响，也丰富了信息分享领域前因的研究。本节还进一步阐释了居住流动性和语言极端性交叉作用信息分享意愿的背后机理，验证了归属需求的中介作用。

4.2.1　文献回顾与研究假设

一、居住流动性

居住流动性(Residential Mobility)定义为个体更换居住地的频率。居住流动性可以被解释为,在过去某一段时间内或预期的未来某一段时间内,个体更换居住地的次数。居住流动性提供了个体所处的社交网络的一种情境,因此对心理学理论和研究非常有用(Oishi,2010)。

居住流动性在个体的情绪、认知和行为中扮演着重要的角色。首先,高居住流动性的个体更可能经历负面情绪。当人们从一个城市搬到另一个城市的时候,很难去维持长期的朋友关系,在迁移过程中人们也感受到了焦虑、压力、孤独等负面情绪(Oishi 等,2013);童年时期搬家的人有更低的主观幸福感(Oishi 等,2011)。其次,高居住流动性会使个体的交友交流意愿更强。例如,有学者实验证明,童年经常搬家的大学生有更庞大的社交网络,有更多的Facebook 好友,也更愿意交新朋友。再次,居住流动性与有条件的群体认同(定义为一个人的群体归属感是群体声誉的函数)行为呈正相关关系(高居住流动性倾向于高的有条件群体认同)。相比持续居住在一个城市或城镇个体,成长时期居住流动的个体更可能展示出有条件的群体认同,例如当阅读一个积极描述大学的故事时,居住流动的学生会强烈的认同学校,当故事不那么积极的时候,居住流动的学生就没有那么强的认同感了,而居住稳定的学生在对学校的认同就无差异(Berscheid 和 Reis,1998)。最后,居住流动性会影响到个体在社交中的情绪。居住流动性高的人,当他觉得与他一起讨论的同伴准确感受到他的个人自我时,对同伴对他的印象有更积极的情感；而居住稳定的人则对同伴感知到他的集体自我时有更积极的情感。居住流动性高的个体会在社交行为中，例如面对面的交流、打牌、电话沟通时，当伙伴理解他们的个体自我（例如个性、能力和技能等）时感到正面情绪。

以上研究都体现了居住流动性对个体在思想、情绪、社交意愿的重要影响，在社交行为方面，主要关注了社交动机、择友标准和情感，并集中在线下的社交行为，没有涉及到在线信息分享行为方面的问题。而在信息分享行为前因的研究中，又大多以单个用户的心理动机出发，少有对信息发出者社会属性的研究。本节从用户所处的社会属性——居住流动性的视角出发，研究居住流动性和语言极端性对信息分享意愿的影响，不仅填补了居住流动性在信息分享行为方面研究的空白，同时也为信息分享意愿的前因研究提供了新的视角。

二、语言极端性

语言极端性（Linguistic Extremity），定义为一系列的可以增加对信息立场的感知极端性的语言风格标记（Mark 等，1998）。极端性是语言强度的一个特定组成部分，其特征是通过语言标记来影响信息偏离中立立场的程度（John，1963）。当描述效价（正负）相关的话题时，交流者会用一种特殊的语言风格即语言极端性进行表述。语言极端性也是态度和评价强度的一个指标。比如，我们会用副词来增加我们观点的极端性。比如，这个电影真的非常好/坏（The movie was really good or really bad），其中“really”这个词表达了我们对电影观点的极端性，表达了信息效价的程度（degree）（Craig 和 Blankenship，2011）。

语言极端性会影响到信息对话题主张的立场（Krosnick 和

Petty,1995),研究发现它会影响到信息立场的极端性和说服力(Burgoon,Jones 和 Stewart,2010;郝媛媛等,2009)。极端性评论有时候在说服过程中有负面的效应。在评论极端性方面的研究表明,体验型产品的中立评论比极端评论更有用。因为体验型产品的属性具有主观体验性,这种情况下大部分评论都是高极端性评论,只有少数的中立评论,中立评论显得更加客观(Mudambi 和 Schuff,2009)。此外,语言极端性会导致反驳的增加(Alvaro 和 Burgoon,1995)和对说服的反抗(Fuegen 和 Brehm,2004)。增强理论(Fuegen 和 Brehm,2004)表明极端性会放大包含强论据信息的说服力,但会降低弱论据信息的说服力(Marquart 和 Naderer,2016)。语言期望理论也表明,更强烈的语言会增加信息立场的感知极端性(Alvaro 和 Burgoon,1995)。这会反过来影响到信息处理,通过论据的质量(强或者弱)来增强或者降低说服力。总之,和社会评价理论(Social Judgment Theory,SJT)的观点(Sherif 和 Hovland,1961)一致,加上语言标记之后,强论据信息会变得更强(让人同意信息的立场),弱论据信息会更弱(让人反对信息的立场)。

以往对分享信息行为研究中,较多的考虑内容特征的差异,较少从语言表达形式属性视角切入。以上都讲述了语言极端性对信息说服力有影响,那么在不同语言极端性下,居住流动性如何影响信息分享意愿呢?

三、居住流动性和语言极端性对信息分享意愿的交互效应:归属需求的中介作用

归属需求(Need to Belong)是人类的基本动机,是人们对于建立和保持最低数量和质量的人际交往和社会联结的需求。归属

需求会激发人们目标导向的行为来满足这种需求：人们会倾向于寻求人际联系，并且培养可能的关系，至少直到他们能够到达一个最低水平的社交联系和相关度上。归属需求有两个特点：第一，人们会需要频繁的人际联系或和他人的互动。理想情况下，这些互动应该是情感上正面的、令人愉快的，但非常重要的一点是要和大多数人避免冲突和负面情绪。第二，人们需要感知有一种稳定的、情感上关心的、在可见未来可以继续的人际联系或者关系（Baumeister 和 Leary，1995）。

本节认为，相对于低居住流动性的个体，高居住流动性的个体由于原有社会关系发生改变，有更强烈的建立和保持最低数量和质量的人际交往和社会联结的需求（Baumeister 和 Leary，1995），即有更高的归属需求，需要频繁的人际联系或和他人的互动，并且和大多数人避免冲突和负面情绪（Baumeister 和 Leary，1995）。而高语言极端性的信息会增加被反驳（Alvaro 和 Burgoon，1995）和与他人产生冲突的可能性，高居住流动性的个体为了满足更高的归属需求，避免因立场极端而与人产生冲突，获得他人认同，在面对高语言极端性信息时，更不愿意分享信息。当语言极端性低时，由于不必担心会遭到他人的反驳或发生冲突，高居住流动性的个体和低居住流动性的个体信息分享意愿无差异。综上，提出假设：

H_1：居住流动性和语言极端性交互影响信息分享意愿。

H_{1a}：当语言极端性高时，相比低居住流动性的个体，高居住流动性的个体的信息分享意愿更低。

H_{1b}：当语言极端性低时，低居住流动性的个体与高居住流动性的个体的信息分享意愿无差异。

H_2：归属需求是居住流动性和语言极端性交互影响信息分享意愿的中介变量。

4.2.2　实验研究

一、实验一:居住流动性和语言极端性对信息分享意愿的交互效应

（一）实验设计与方法

实验一采用2(居住流动性:高 vs 低)×2(语言极端性:高 vs 低)实验设计,采用组间对比法,验证假设1。由于想要更严密地测量语言极端性对于信息分享意愿的影响,实验一将语言极端性作为调节变量,让被试者分别看到高语言极端性信息和低语言极端性信息,并进行组间对比。首先进行一个预实验,验证对居住流动性操控,然后进行主实验。来自上海某高校的352名学生(女性186人,年龄均值=24.84,SD=4.61)参与本次实验。

1. 居住流动性操控

如4.1.2实验1。

2. 语言极端性操控

采用新浪微博平台发布的信息截图,选择迪士尼乐园为实验刺激物,并参考Goldberg等人的操控方法(Goldberg和Hartwick,1990;Craig和Blankenship,2011)。高语言极端性信息组被试将被展示如下新浪微博文字信息:信息发布者用户名是"TWPVF",头像是普通风景的图片,没有明显的性别特征;文字是"#迪士尼乐园#上海的迪士尼乐园真的太太太好玩了!圣诞主题陈列简直满分,百分百满足了大家的少女心王子心!!绝对是年底必去的最佳游乐场!!!!!";低语言极端性信息组被试将被展示如下新浪微博图文信息:信息发布者用户名、头像与高语言极端性信息组保持一致;文字是"#迪士尼乐园#上海的迪士尼乐园很

好玩哦。圣诞主题陈列很美丽，满足了大部分人的少女心王子心。可以算年底比较推荐的游乐场了～”。

采用李克特7级量表对语言极端性进行操控检验：“请问您认为这条信息有多极端？”(1=非常不极端，7=非常极端)

3. 分享意愿测量

采用李克特7级量表对以下问项进行测量：“您愿意转发这条信息吗？”(1=非常不愿意，7=非常愿意)。

（二）实验结果与讨论

1. 语言极端性操控检验

将感知语言极端性作为因变量，语言极端性作为自变量进行方差分析。结果显示语言极端性对感知语言极端性存在主效应($F(1,350)=33.16, p<.00, \eta_p^2=.09$)，个体对高语言极端性信息的打分($M=3.94, SD=1.56$)相比于低语言极端性信息更高($M=3.03, SD=1.38$)。

2. 居住流动性和语言极端性对信息分享意愿的交互效应

将信息分享意愿作为因变量，居住流动性和语言极端性作为自变量进行方差分析。结果显示，均不存在主效应($F's<1$)，交互效应显著($F(1,348)=5.09; p<.05, \eta_p^2=.01$)，在高语言极端性的情况下，高居住流动性组的个体的信息分享意愿($M=1.83, SD=.16$)低于低居住流动性组的个体($M=2.25, SD=.14$)($F(1,348)=5.96, p<.05, \eta_p^2=.02$)；在低语言极端性的情况下，高居住流动性组的个体的信息分享意愿($M=2.36, SD=.14$)与低居住流动性组的个体($M=2.10, SD=.16$)无差异($F(1,348)=.53, p>.05, \eta_p^2=.00$)。假设1得到验证。

实验一验证了假设1：当语言极端性高时，相比低居住流动性的个体，高居住流动性的个体的信息分享意愿更低；当语言极端性

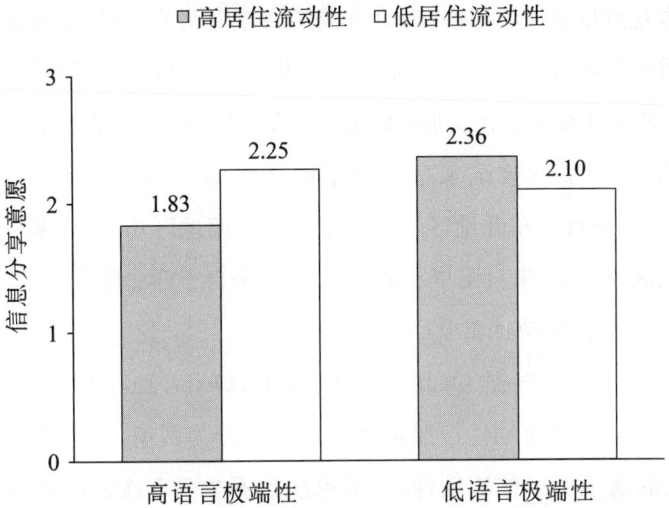

图 4-5　实验一结果
Fig. 4-5　The results of study 1

低时,低居住流动性的个体与高居住流动性的个体的信息分享意愿无差异。

实验一存在一些不足之处。实验一对居住流动性的操控方法为选词造句,让被试的感知居住流动性水平产生暂时差异,但未能从居住流动性的定义——个体更换居住地的频率出发,操控方法有局限性。实验二将采用客观方法如测量被试的居住与流动性背景——搬家次数(Oishi,Lun 和 Sherman,2007)来进行操纵来研究,提高操控的有效性和普适性。

二、实验二:居住流动性和语言极端性对信息分享意愿的交互效应

(一) 实验设计与方法

实验二采用 2(居住流动性:高 vs 低)×2(语言极端性:高 vs 低)实验设计,采用组间对比法,验证假设 1。实验二采用搬家次数

来客观测量居住流动性，将语言极端性作为调节变量，让被试者分别看到高语言极端性信息和低语言极端性信息，并进行组间对比。302名被试参加了预实验（女性170人，$M=30.92$，$SD=3.69$），其中约53.31%的被试来自于华东地区，7.95%来自于华中地区，13.58%来自于东北地区，5.3%来自于华南地区，8.61%来自于西南地区，8.28%来自于华北地区，3.97%来自于西北地区。

1. 居住流动性测量

本节首先根据Oishi等人的分类（Oishi，Lun和Sherman，2007），将居住流动性按照被试搬家次数分为两组，搬家次数少于3次的属于低居住流动性组，搬家次数不少于3次的归入高居住流动性组；其次，将搬家次数用连续变量作为自变量带入模型。

2. 语言极端性操控

采用新浪微博平台发布的信息截图，选择"双十一"为实验刺激物，并参考Goldberg等人的操控方法（Goldberg和Hartwick，1990；Craig和Blankenship，2011）。高语言极端性信息组被试将被展示如下新浪微博文字信息：信息发布者用户名是"YErine"，头像是宠物的图片，没有明显的性别特征；文字是"大家千万别被'双十一'欺骗了！！大家苦等到半夜去抢的东西，几乎全都是被提前提过价格的！！根据研究显示，50%的'双十一'交易都很不划算，时间等成本加起来要远大于你获得的折扣。远离'双十一'，远离无意义剁手"；低语言极端性信息组被试将被展示如下新浪微博图文信息：信息发布者用户名、头像与高语言极端性信息组保持一致；文字是"大家注意别被'双十一'欺骗了。大家苦等到半夜去抢的东西，可能是被提前提过价格的。根据研究显示，50%的双十一交易都很不划算，时间等成本加起来可能甚至大于你获得的折扣。其他的打折活动或许比'双十一'更划算"。采用李克特7级量表对语言极端性进行操控检验："请问您认为这条信息有多极端？"（1＝非常不极端，7＝非常极端）。

3. 分享意愿测量

采用李克特7级量表对以下问项进行测量："您愿意转发这条信息吗？"（1＝非常不愿意，7＝非常愿意）。

（二）实验结果与讨论

1. 语言极端性操控检验

将感知语言极端性作为因变量，语言极端性作为自变量进行方差分析。结果显示语言极端性对感知语言极端性存在主效应（$F(1,300)=16.17$，$p=.00$，$\eta_p^2=.05$），个体对高语言极端性信息的打分（$M=4.83$，$SD=1.39$）相比于低语言极端性信息更高（$M=4.20$，$SD=1.31$）。

2. 居住流动性和语言极端性对信息分享意愿的交互效应

将信息分享意愿作为因变量，居住流动性用分类变量和语言极端性作为自变量进行方差分析。结果显示，搬家不存在主效应（$F<1$），但极端性存在主效应（$F(1,298)=5.05$；$p<.05$，$\eta_p^2=.02$），交互效应显著（$F(1,298)=7.04$；$p<.01$，$\eta_p^2=.02$），在高语言极端性的情况下，高居住流动性组的个体的信息分享意愿（$M=1.81$，$SD=1.05$）低于低居住流动性组的个体（$M=2.29$，$SD=1.37$）（$F(1,298)=4.43$，$p<.05$，$\eta_p^2=.02$）；在低语言极端性的情况下，高居住流动性组的个体的信息分享意愿（$M=2.60$，$SD=1.66$）与低居住流动性组的个体（$M=2.23$，$SD=1.44$）无差异（$F(1,298)=.10$，$p>.1$，$\eta_p^2=.01$）。假设1得到验证。控制年龄（$p=.49$）、性别（$p=.27$）、教育（$p=.52$）和收入（$p=.62$），交互效应显著。

将信息分享意愿作为因变量，居住流动性用连续变量和语言极端性作为自变量进行回归分析。本节根据Preacher等的模型1

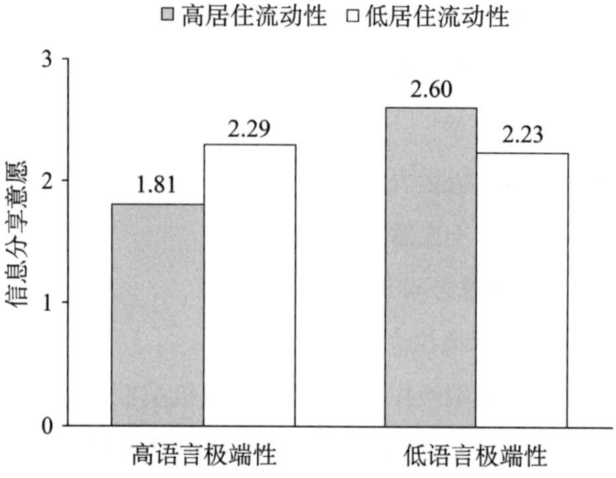

图 4－6　实验二结果

Fig. 4－6　The results of study 2

进行了调节分析(Preacher，Rucker 和 Hayes，2007)，用 bootstrap 抽样 10000 次来进行回归，分析结果表明，在因变量模型中，居住流动性×语言极端性对信息分享意愿的交互预测显著($B=.14$，$t=2.44$，$p<.05$)。这进一步验证了假设 1。

实验二运用客观测量居住流动性，分别用分类变量和连续变量带入因变量模型，研究发现进一步验证了假设 1。但是实验二也存在一些不足之处。居住流动性和语言极端性对信息分享意愿的影响机理还需要进一步的实验探究。因此，实验三将采用其他居住流动性的操控方法进一步提高普适性，并引入归属需求解释其中介机理。

三、实验三:归属需求对居住流动性和语言极端性交互影响信息分享意愿的中介作用

(一) 实验设计与方法

在实验三中，我们采用想象为了工作和居住地点来对居住流

动性进行操控，提高对居住流动性操控的普适性。实验二继续采用 2(居住流动性：高 vs 低)×2(语言极端性：高 vs 低)实验设计，采用组间对比法，探究归属需求的中介效应，验证假设 2。实验二首先进行一个预试验，验证对居住流动性的操控，然后进行主实验。样本群体与实验一类似，208 名上海某高校学生(女性 121 人，年龄均值＝23.21，SD＝2.07)参与本次实验。

1. 居住流动性操控

每个被试将看到一段描述工作及居住地相关的文字，并被要求写下三点感想。高居住流动性组被试将看到的文字主旨是想象自己即将入职的公司组织架构是项目制的，每两年项目组就被解散，员工会分配到新的城市，和其他员工组成新的团队。低居住流动性组被试将看到的文字主旨是想象自己即将入职一份非常稳定的工作，至少未来 10 年都在上海，团队非常固定。阅读后要求被试写下关于生活方式、生活在不同城市或朋友关系等三点感想。

居住流动性通过了预实验，65 名上海某高校学生(女性 41，年龄均值＝23.20，SD＝2.35)参与实验。感知居住流动性采用李克特 7 级量表对以下问项进行测量：“您认为您的生活状态有多稳定?”(1＝非常不稳定，7＝非常稳定)。预实验将感知居住流动性作为因变量，居住流动性作为自变量进行方差分析。结果显示居住流动性对感知居住流动性存在主效应($F(1, 63) = 4.08$，$p < .05$，$\eta_p^2 = .61$)，个体对高居住流动性的打分(M＝4.28，SD＝1.05)相比于低居住流动的更低(M＝4.85，SD＝1.20)。

2. 语言极端性操控

与实验二一致。

3. 归属需求测量

采用李克特 7 级量表对以下问项进行测量：“如果其他人看上

去不接受我，我不会为此感到不安？”“我努力不去做让别人排斥或拒绝我的事情”“我很少担心其他人是否在意我”“我需要感知到在我需要帮助时，有人可以让我寻求帮助”“我希望其他人接受我”“我不喜欢孤独”“长时间与朋友分离并不会使我不安”“我有强烈的归属需求”“当我没有在别人的计划安排里时，我会感到非常不安”“当我感觉别人不接受我时，我的感情很容易受伤”（Leary 等，2001）（1＝非常不同意，7＝非常同意）（α＝.7）。

4. 分享意愿测量

采用李克特 7 级量表对以下问项进行测量：“您愿意转发这条信息吗？（1＝非常不愿意，7＝非常愿意）”。

（二）实验结果与讨论

1. 语言极端性操控检验

将感知极端性作为因变量，语言极端性作为自变量进行方差分析。结果显示语言极端性对感知极端性存在主效应（$F(1,206)=13.35$，$p<.001$，$\eta_p^2=.03$），个体对高语言极端性信息的打分（$M=4.99$，$SD=1.37$）相比于低语言极端性信息更高（$M=4.30$，$SD=1.33$）。

2. 居住流动性和语言极端性对信息分享意愿的交互效应

将信息分享意愿作为因变量，居住流动性和语言极端性作为自变量进行方差分析。结果显示，均不存在主效应（$F's<1$），交互效应显著（$F(1,204)=4.65$；$p<.05$，$\eta_p^2=.02$），进一步分解交互效应，在高语言极端性的情况下，高居住流动性组的个体的信息分享意愿（$M=1.69$，$SD=.19$）低于低居住流动性组的个体（$M=2.22$，$SD=.19$）（$F(1,204)=4.93$，$p<.05$，$\eta_p^2=.02$）；在低语言极端性的情况下，高居住流动性组的个体的信息分享意愿（$M=2.27$，$SD=.18$）与低居住流动性组的个体（$M=2.00$，$SD=.18$）

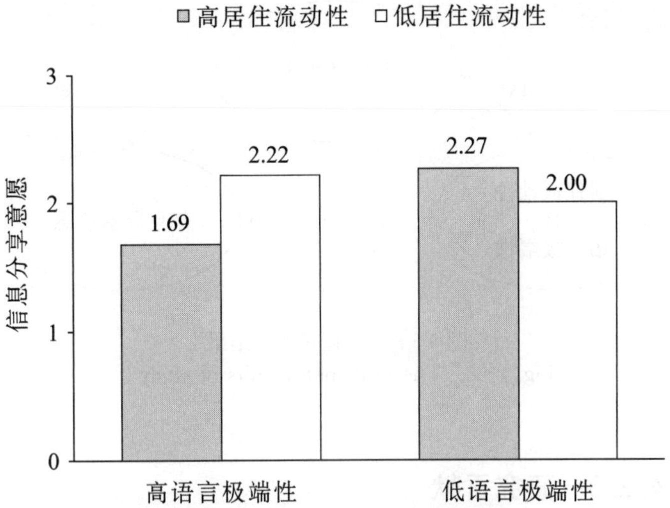

图 4-7　实验三结果
Fig. 4-7　The results of study 3

无差异($F(1,204)=.69, p>.05, \eta_p^2=.00$)。假设 1 得到验证。

3. 归属需求的中介效应

本节根据 Preacher 等的模型 8 进行了调节中介的分析(Preacher, Rucker 和 Hayes, 2007),用 bootstrap 抽样 10000 次来进行回归,分析结果表明,在中介模型中,居住流动性×语言极端性交互预测了归属需求($B=.45, t=-2.00, p<.05$);在因变量模型中,归属需求预测了信息分享意愿($B=-.28, t=-2.43, p<.05$),居住流动性×语言极端性对信息分享意愿的交互预测显著($B=.92, t=-2.50, p<.05$)。这验证了假设 2,即归属需求的部分中介机理。结果如图 2-16 所示。

实验二用不同的居住流动性操控进一步验证了居住流动性和语言极端性对信息分享意愿的交互作用。同时验证了归属需求对居住流动性和语言极端性交互影响信息分享意愿的中介效应。

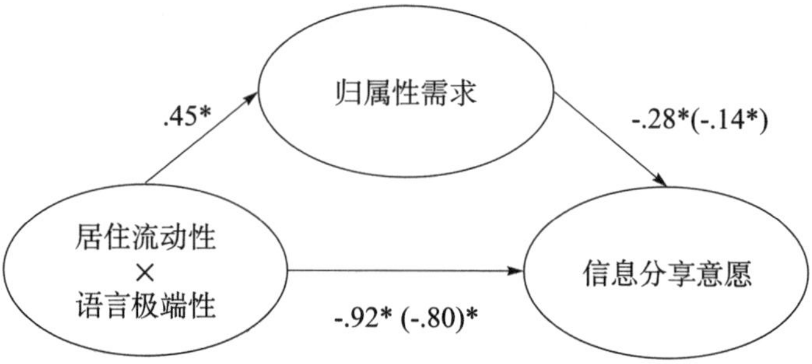

图 4-8 实验三中介结果
Fig. 4-8 The mediation results of study 3

4.2.3 研究贡献

一、研究结论

首先，本节探讨了居住流动性对信息分享行为的影响，将居住流动性作为影响信息分享意愿的前因，同时引入了信息的语言表达属性——语言极端性，研究二者对信息分享意愿的交叉作用。通过两个实验研究，发现当语言极端性高时，相比低居住流动性的个体，高居住流动性个体的信息分享意愿更低；当语言极端性低时，高居住流动性和低居住流动性个体信息分享意愿差异不大。其次，本节探讨了居住流动性和语言极端性交互影响信息分享意愿背后的机理，研究了归属需求的中介作用，发现高居住流动性个体归属需求更高，为避免因和他人发生冲突的可能而影响人际交往，其更倾向于避免转发高语言极端性信息。

二、理论贡献

本节用实验的方法研究了社交网络中居住流动性和语言极端性对信息分享意愿的影响，并验证了归属需求的中介作用。本节的研究结论主要有三个理论贡献。

首先,我们在在线信息分享行为理论领域提出了新的自变量——居住流动性。从社会影响的视角,研究了居住流动性对在线信息分享行为的影响。以往的研究中对在线信息分享行为的影响主要集中在从不同动机角度解释不同内容的信息更容易被分享的原因,但是仍然没有解释到底是什么因素激发了消费者分享某种特定类型信息的动机。虽然近来有学者开始关注了匿名/非匿名、一对一/一对多和熟人/陌生人等因素对人际间信息交流的影响(Idson 和 Mischel,2001;Kim,Zhang 和 Li,2008;Linville,Fischer 和 Yoon,1996;Kathryn 等,2012),但是,相对线下环境,在线社区中如居住流动性等社会属性的影响日趋显著,因此,从社会影响的视角研究居住流动性对在线信息分享行为的影响具有重要的理论意义。

其次,本节找到语言极端性这一调节变量,研究发现传递的信息越极端,居住流动性高的消费者越有可能不分享。为了获取注意,在线社区的信息内容越来越极端,而以往的研究语言信息的表达体现在确定性、畏怯、焦虑、愤怒、有趣、刺激、惊奇、滑稽和令人愉快等情绪的网络信息内容,从表达属性的信息内容切入具有创新性。

最后,本节发现相对于低居住流动性的个体,高居住流动性的个体由于原有社会关系发生改变,为了满足更高的归属需求,避免因立场极端而与人产生冲突,获得他人认同,在面对高语言极端性信息时,更不愿意分享信息。当语言极端性低时,由于不必担心会遭到他人的反驳或发生冲突,高居住流动性的个体和低居住流动性的个体信息分享意愿无差异。这从内在机理上阐释了居住流动性与语言极端性对分享行为影响的作用过程,因此,从中介机理上对居住流动性对分享行为的影响进行了理论阐释与贡献。

第五章　在线社区开放性对信息分享内容和行为影响建模仿真研究

在第二至第四章，根据发出者—渠道关系—接收者的信息传播模型，采用心理学实验及田野实验的方法，研究了发出者开放性、关系开放性及接收者开放性和信息特征对信息分享内容和行为的交互影响及影响机理。本章则偏重从指数建模和仿真建模方法角度，研究在线社区信息分享内容和行为的变化规律。

本章首先研究了基于社会评级的不同开放性在线社区动态影响力指数构建；其次通过建模仿真研究了发布者位置和争议性对在线社区信息分享行为影响。

5.1　基于社会评级的不同开放性在线社区动态影响力指数构建

5.1.1　微博动态影响力指数构建

当前对社交媒体的研究集中于微博、微信的用户使用行为分析，缺乏对微博尤其是微博信息实时影响力的动态性研究。本节以页面评级（PageRank）算法为基础，提出改进的社会评级（SocialRank）算法，结合用户微博使用行为分析得出的权重值，并将时间因素纳入微博动态影响力评估模型之中，通过具体实例探讨了微博动态影响力指数构建的重要性和实用性。研究认为社交媒体中大量数据的深度分析与挖掘可以更好的帮助市场营销以及舆情监管部门及时掌握信息的发展动态，从而更有效地推进品牌传播和引导舆论信息的走向。

随着互联网技术的不断发展，许多社交平台也从最初的萌芽逐渐发展成熟，人与人之间的空间距离得以进一步拉近。特别是微博、微信等社交工具的出现，也更进一步地推动了互联网的发展，人们可以借助微博、微信，以及一些移动客户端随时进行信息的浏览、关注与分享。大量的信息浏览、关注与分享也产生了大量的数据，数据尤其是实时数据的深度分析挖掘可以帮助舆情监管部门及时发现强影响力的信息，从而有针对性的对其可能产生的负面影响及时进行干预，避免负面信息更大范围传播所带来的负面影响。

互联网信息的影响力主要通过信息排序获取，排序越靠前的信息人们对它的关注程度越高，影响力也就越大。当前对于互联网实时信息的主要排序方式有两大类：①按时间线排序，即人们所看到的信息基本是按照时间顺序进行推送，即时间越近的信息越排在微博、微信或移动客户端的前面；②按转发数/评论数/阅读数/点赞数排序，这是按用户的使用行为进行排序，对于用户所关注的信息，人们会自发的产生转发、评论或点赞行为，阅读则是互联网自动记录下的人们信息关注行为。该方法是目前网络信息主要使用的影响力分析方法。两种方法各有优劣，在人与实时互联网信息内容交互的应用中，“时间排序”方法存在数据量太大，人力无法处理的问题，因此，实际生活中相应网络公司更多的是基于第二种方法进行排序或者是将“转发数/评论数/阅读数/点赞数”综合考虑进行排序,计算后所得数值越高,信息的内容排名越靠前,重要性也就越高。然而,实际应用中,仅仅基于简单的交互数据进行排序,在全面性、及时性及真实性等方面可能会存在一些问题,这些问题主要表现在:①交互数据存在大量造假的嫌疑,信息分析中可能无法找到真正重要的信息,特别明显的是与明星相关的内容,大量水军的出现,可能会极大提高"转发数/评论数/阅读数/点赞数"这些交互数据的绝对数量级;②随着时间推移,越早出现内容的交互数据也就越大,导致排序顶端数据更新不活跃,进而影响新的有价值内容的及时发现;③上述两个问题的存在,使得信息的全面使用与分析受到影响。

基于上述问题的分析,本节认为新的微博影响力评估方法应强调信息辨识的问题,并考虑怎样解决时间因素对于信息影响力衰减的影响,进而实现一个兼顾全面性、及时性和真实性的实时互联网信息列表构建。基于以上分析,本节以微博信息为研究对象,结合以往有关网页排序的 PageRank 算法,在此基础上提出了 SocialRank 的计算方法,得到相应微博用户的权重信息,并将时间因素纳入到信息影响力排名计算之中,构建了更为合理的微博动态影响力指数。

一、文献回顾

国内外有关社交媒体影响力的研究集中于 Twitter、微博用户以及此类社交媒体上所发布的信息的影响力研究。

(一)社交媒体用户影响力

社交媒体用户影响力的研究强调对社交媒体使用者整体使用行为的分析,将其信息浏览、分享等行为作为整体考察使用者的影响力,强调使用者个体层面的影响力。影响力的评定方法主要包括 PageRank 方法、用户行为权值法等。PageRank 本应用于搜索时的网页排名，而将其应用于用户排名时，网页近似于一个用户，微博中用户与用户的链接可以看作是网页与网页之间的超链接，研究者基于 PageRank 的方法计算微博用户的影响力（刘璐佳，2011；康捷等，2011）。Weng 等（2010）则对 PageRank 方法进行了发展，他们将话题相似性的分析纳入用户影响力分析之中，针对每一用户分析了其在社交媒体上的影响力。用户行为权值法则是将涉及微博使用者的粉丝数量、其所发布信息被转发及被评论数作为其影响力的评价标准（安悦等，2013）。Cha 等（2010）介绍了跟随、转推和提及三种不同指标下最具影响力的类型的特点，并采用 Spearman 等级相关系数两两比较进行排名，得出了微博用户影响力的评价。Ye 和 Wu（2010）同时使用了 Spearman 及 Kendall Tau 等级相关系数分析了 Twitter 用户的影响力。陈浩（2013）则将 PageRank 与用户权值评定法相结合，提出了 UserRank 的微博影响力排名算法，他认为微博用户影响力源于其自身的影响力与追随者贡献的影响力，因此将用户微博转发率、评论率、用户认证情况、追随者质量等因素同时纳入用户影响力评价模型中，通过条件的不断迭代最后得到微博用户的影响力。原福永等（2012）则从链接分析与用户行为分析两个角度衡量了微博的影响力，建构了微博用户的用户影响力指数模型。

除以上两种方法外，国内也有学者通过因子分析或主成分分析的方法，将影响微博用户影响力的因素归纳成几个维度，从而确定相应用户微博使用的侧重点。如赵阿敏和曹桂全（2013）在以往微博影响力评价指标的基础上，将指标分为单元传播与多元传播指标，运用因子分析的方法，提取反馈因子、互动因子及公开因子，进而发现影响微博用户影响力的主要因素，从而进一步确定各慈善组织微博使用方面的侧重点。郝晓玲和陈铁杰(2013)采用主成分分析方法,探讨了形成企业微博影响力的主要因素。郝晓玲,杜沁怡和黄海量(2015)采用同样的方法,发现受众广度、微博受关注度、微博价值度及好友圈价值度是影响企业家微博用户影响力的主要因素。

（二）社交媒体信息影响力

社交媒体信息影响力的确定方法在某种程度上与社交媒体用户影响力的研究有些类似,只是信息影响力的研究更多的是强调社交媒体用户所发布信息的影响力,该信息受到关注的人数、获得评论的人数等。PageRank 方法同样可以应用于信息影响力的评价中,将每条信息作为一个分析单元,得出该信息的影响力排名。基于 PageRank 法的信息影响力研究包括:Cui 等(2011)将人人网所发布的帖子的点击量作为帖子影响力的评价指标,Agarwal 等(2008)利用博文的引用数、评论数、新颖程度和内容长度评价博主帖子的影响力。孙国梓,仇呈燕和李华康(2016)综合考虑了群体对信息的关注度以及信息的扩散模式,从微博信息入手,以线性加权模型为基础,提出了结合评论数、转发数并引入地域分布信息的微博影响力量化模型,并对微博信息的影响力展开了全局与局部分析。

Ye 和 Wu(2010)同样对信息的跟随、转推和提及三个指标进行了分析,将 Spearman 及 Kendall Tau 等级相关系数引入到微博信息影响力的评价中,他们指出回复数的稳定性最高,并且最适合作为微博信息影响力的评价标准。原福永等(2012)同时将用户粉丝数、微博信息的转发数及评论数纳入到对微博用户影响力及每条微博信息影响力的评价之中。

从以上分析可以看出,有关社交媒体影响力的研究涉及到用户和信息影响力两个角度的分析，并且研究者关注更多的是用户影响力的研究。微博用户及信息影响力的评价方式在某种程度上具有一定相似性，如基于 PageRank 方法进行改进、结合用户使用行为权值等方法均可用于影响力分析。然而，以上微博影响力的评价均基于某一时点的数据反馈结果，该方法用于微博用户影响力的评价更为合适，因为用户影响力应具有一段时间的稳定性。微博信息影响力虽可以用上述方法进行评价，但实际生活中，微博信息浏览时往往更多的是依据时间顺序，并不是根据各信息的影响力向浏览者进行信息展示。本节则在以往研究的基础上，仍基于 PageRank 方法，根据以往微博使用者使用的历史数据设计出微博影响力的权重计算方法，并将时间变化纳入微博信息影响力的计算之中，更为合理有效的进行微博信息影响力实时动态变化的指标构建，从而以更为科学的方式为浏览者展示更有价值的微博信息。

二、基于社交评级(SocialRank)的微博影响力权重计算

腾讯微博和新浪微博是中国最主要的 2 个微博平台，其各自所拥有的注册用户超过 3 亿。用户与用户之间通过相互关注、单方面的关注或被关注，不仅可以实现资讯获取或交流的目的，还可以满足使用者间情感交流的诉求。根据以往国内外学者的研究，微博使用者所发布的信息可以在其粉丝群中得到广泛和迅速的传播，从而扩大其信息传播的影响力。微博所具有的传播快、影响大、覆盖广、社会动员能力强等特点(李爱君，2013)，使其在某种程度上成为推动社会发展的一个重要工具，因此，有效微博影响力的获取，可以更为准确合理的向公众传递更有价值的信息。

微博影响力的计算方法多源于 Google 公司的 PageRank 算

法，该算法在大数据的研究中也得到了广泛应用。PageRank 是 Google 专有的算法，它由拉里·佩奇（Larry Page）和谢尔盖·布林（Sergy Brin）在 20 世纪 90 年代后期发明，用于衡量特定网页相对于搜索引擎索引中的其他网页而言的重要程度。PageRank 将对页面的链接看成投票，实现了将链接价值概念作为排名因素，从而获取页面排名，排名越高影响力也就越高，Google 搜索结果的相关性的质量也会得以提高（百度百科，2016）。

PageRank 近似于一个用户，是指在互联网上随机地单击链接将会到达特定网页的可能性。通常，能够从更多地方到达的网页更为重要，因此具有更高的网页排名。每个到其他网页的链接，都增加了该网页的排名。具有排名网页一般都是通过更多其他网页的链接而提高的。考虑到 PageRank 算法涉及的网页数量和网页链接与微博平台用户关系间的相似性，本课题将用户与用户之间的链接网络看作网页与网页之间的超链接，并由此计算出大部分活跃用户的社交权重值，即用户的 SocialRank（SR）值。SocialRank 的等级范围介于 0 到 10 之间，10 级为满分，SR 值越高说明用户（或信息）越受欢迎（越重要、影响力越大）。例如，SR 值为 1 的用户表明该用户不太受欢迎，而 SR 值为 7 到 10 则表明该用户非常受欢迎（或者说极其重要）。另外，PageRank 方法不仅考虑了网页链接数量，还考虑了网页质量因素，因此，对于 SocialRank 来说，被权重高的人关注（或信息被高权重的人关注或分享），微博用户自身的权重值也会相应提高。

计算微博 SR（SocialRank）值时，假设存在 4 个用户：A，B，C 和 D。如果所有用户都关注 A，那么 A 的 SR 值将是 B，C 及 D 的 SR 值的总和。

$$SR(A)=SR(B)+SR(C)+SR(D)$$

继续假设B也有关注到C，并且D也有关注到包括A的3个社交链路。一个用户不能投票2次。所以B给每个用户半票。以此类推，D投出的票只有三分之一算到了A的SocialRank上。

$$SR(A)=\frac{SR(B)}{2}+\frac{SR(C)}{1}+\frac{SR(D)}{3}$$

换句话说，根据社交链路总数平分一个用户的SR值，现有L(x)作为用户关注对象数量的函数，则有：

$$SR(A)=\frac{SR(B)}{L(B)}+\frac{SR(C)}{L(C)}+\frac{SR(D)}{L(D)}$$

所以一个微博自媒体的SocialRank值是由其他自媒体的SocialRank值计算得到。与PageRank算法的原理基本相同，SocialRank刚开始赋予每个微博用户相同的重要性得分，通过迭代递归计算来更新每个用户或信息节点的SocialRank得分，直到得分稳定为止。基于大量的数据和计算，最终可以获取每个微博用户或每条微博信息稳定的SocialRank值，通过实际比对，该值可以线性地评估各个微博自媒体账号及其所发布信息的传播价值。从排名计算过程可以看到SocialRank计算的结果与用户特征及其所发布的信息主题是没有任何关系的，即该算法是用户与主题无关的，因此SocialRank算法能够较好的获取微博的影响力。

三、微博实时动态影响度计算

确定了微博用户及微博信息影响力的权重之后，就获取了微博信息实时影响力测量的基础。考虑到信息传播影响度的实用价值性，需要从实时动态性及最终静态性两个角度测量信息的影响度。

信息的实时动态性强调关注信息传播过程中实时变化的影响力，微博使用者一条信息发布后，如果该信息影响力足够大，那么它可能很快获取更多受众的关注，并且在某种程度上可能会对人们的日常生活产生影响。因此，快速处理最近的消息并同时处理新出现的信息，在很短时间内评估出某一时刻信息的传播影响力，并将其随时间变化而出现的衰减性特征纳入信息影响力分析框架，则可能会更有针对性的对某些不好的信息采取提前干预的手段，避免其对人们的日常生活产生负面影响。实时动态性信息影响力的获取对于舆情监管部门快速发现重要舆情并快速处理大量舆情相关信息聚焦舆论关注点，争取应对时间方面有着较强的实战意义。对于最终静态信息，其测量无需考虑时间的衰减，获取微博所传播信息在各新媒体平台上所达到的最终用户数进行累加，即获取了该微博信息的影响力。由于信息发布后存在一段时间的衰减性，其衰减时限基本为 7 天，因此该静态值基本可以在信息发布后的 7 天后进行测量。

借助数亿个微博使用者历史数据分析，通过 SocialRank 算法测量出微博使用者的使用权重函数后，就可以进一步评估微博信息的传播影响力。一条信息某段时间内在微博自媒体中传播影响的一个量化的数值被看作该条信息的时间传播影响度。实时信息传播影响度数值越高，那么这条信息的受众也就越多，并且该条信息被继续扩散的可能性也就越大。因此，实时信息传播影响力本身是一个相对值，即只有两条信息比较后才使其具有一定意义，体现出其实用价值。信息实时传播影响力指标构建时涉及到三个主要参数：①单位时间内转发的媒体数增量；②每个转发节点的 SocialRank 权重；③发布时间距离现在的时间长度。理论公式模型：

$$H_S = \frac{H_{S-1} \times (T_{S-1} - T_0)^2 + \sum_{t=0}^{n} Q_t (T_s - T_{s-1})^2}{(T_s - T_0)^2}$$

其中 H_s 为实时信息传播影响度；为上次计算的影响度指数。为本次采集时间；T_{s-1} 为上次采集时间；T_0 为本条信息的最早发布时间；Q_t 为在时间 $T_s \sim T_{s-1}$ 之间第 t 个转发节点（通常是一个媒体）的影响力权重。初始影响力的值为 H_0，该值表明信息第一次被系统抓取到时的影响力数值，其数值可以从前文的媒体影响力数值替换得到。

信息实时传播影响力指数计算过程中计入时间的因素，考虑了时间对信息衰减的作用，更适合表达当前信息的受关注程度。信息的最终静态传播影响力关注的则是信息随时间衰减后的最终影响力，即信息最终达到了多少受众，影响了多少人群。因此，如果只是计算或评估信息在完整传播周期中的影响力，可以直接评估信息的最终静态传播影响力，信息传播的 7 天周期结束后，将实时传播影响力算法理论公式中的时间衰减项剔除后，便可以得到最终静态传播影响力的算法，理论公式如下：

$$H_s = \sum_{t=0}^{n} Q_t (T_s - T_{s-1})^2$$

由于 7 天之后可以获取信息的最终静态传播影响力，与 7 天之内该信息的实时影响力价值相比，其价值有效性或对人们日常生活的影响力相对较弱。因此，本节更关注信息的实时影响力。因此，本节接下来以 2016 年 4 月 19 日新浪微博热门排行为例，探讨微博信息实时动态影响力，即考虑信息实时动态的排序，排序越靠前影响力越大。

截取 2016 年 4 月 19 日 10:30 新浪热门排行榜，如图 5－1 所示，可以看到，排行榜的前三名均是娱乐明星发布的内容，且发布时间均为 4 月 18 日，即为前一天的内容。同一时间基于本课题的实时影响力评价算法所得到的影响力最高的前三条微博信息均为最近 1 小时的新内容，如图 5 - 3 所示。经过半个小时后，即 11 点新浪热门排行榜的前三名仍与 10 点半时相同，如图 5 - 3 所示，可以看到时间并未对新浪微博排名产生影响，新浪热门排行并未将一些实时变化的因素纳入其排名分析算法之中。相比较而言，根据本节的实时动态影响力算法估算后，11 点时微博信息排行的前三名已经有所变化，如图 5 - 4 所示。从图 5 - 2 中可以看到，半个小时过后，图 5 - 2 排名第三的信息已排到图 5 - 4 中的第一位，图 5 - 2 排名第 2 位的信息与图 5 - 4 第 2 位信息相同，而图 5 - 2 中排名第一的信息半个小时后则不再是前三位的信息。由此可以看到，将时间因素纳入微博信息影响力评价模型后，能够更为有效的向受众提供更具影响力或受众关注更多的微博信息，这对于舆情监管部门实时分析舆论热点更具实践意义，实时信息分析可以更快更早的发现负面舆论，对其及时地干预有助于相关部门采取合适的应对与疏导策略。

图 5 - 1　10:30 新浪热门排行

Fig. 5 - 1　10:30 Sina hot rank

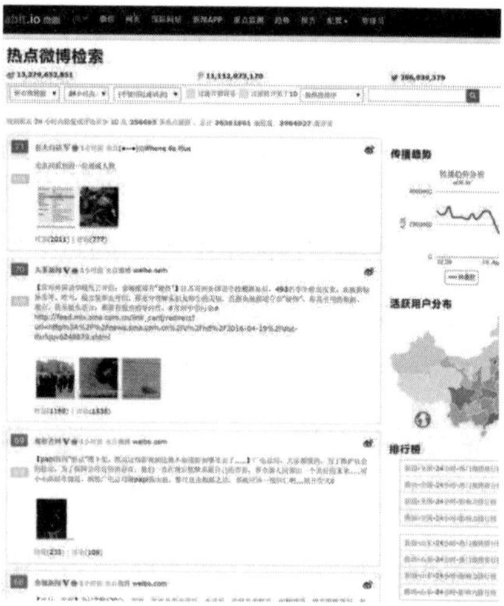

图 5 - 2　10:30 微博实时排行

Fig. 5 - 2　10:30 Weibo real time rank

图 5－3　11:00 新浪热门排行
Fig. 5－3　11:00 Sina hot rank

图 5－4　11:00 微博实时排行
Fig. 5－4　11:00 Weibo real time rank

四、结论

本节在以往学者研究的基础上，结合互联网数据采集与大数据处理分析技术，对 PageRank 网页排名算法进行改进后，在获取大量微博使用者及其发布信息数据的基础上，根据微博特点设计了测量微博当前影响力指数的计算方法并通过计算机实现了快速的数据处理计算，以获取实时的微博影响力信息排名，并对信息进行自动化更新处理，以寻找到当前舆论最关注的相关信息。

研究结合微博信息的实时数据通过两组数据的对比发现，将微博发布时间考虑在内的实时微博信息排行能够更有效地发现最具影响力的微博信息。基于 PageRank 方法所改进的 SocialRank 微博动态影响力指数构建考虑了微博用户与用户、用户与信息、信息与信息之间的联系，并结合相应微博使用者的影响力以及时间变化的因素，将这些因素共同纳入微博信息影响力指数的构建之中，因此可以得到相对准确的信息影响力排名，从而帮助舆情监管部门对信息进行有效的监管。由于7天的周期会使得信息衰减到一个最终的静态排名状态，而该状态更多的依赖于微博用户自身的用户权值，时间并不会对其影响力产生实质性的影响，因此，本课题并未对其进行深入探讨。实时性信息影响力分析，更有助于为有限人力的舆情监管部门提供帮助，依靠信息技术，实现其高效捕捉高影响力信息进行监管的业务目标。

5.1.2 微信公众号动态影响力指数构建

微信公众号的总数超过1000万个，其作为微信平台衍生的自媒体平台目前在新媒体领域不管在媒体数量，用户数量，内容数量的排名和占比上都占据着极其重要的地位。虽然在少数地区政府出台行政命令要求当地微信公众号进行备案登记，但总体上绝大数据微信公众号的开通仍然非常自由，仅需一个QQ号码并且按照微信平台要求进行注册与认证就可以开通。

微信公众号平台的规则与微博平台不同，微信公众号平台分为订阅号与服务号2种，其中订阅号多数用来担当自媒体渠道，发布信息，服务号在订阅号的基础上可提供交互式的业务服务。由于服务号的主要功能是服务，且每个月只能主动群发4次内容消息，因此不作为强媒体属性考虑，本节仅讨论微信订阅号的权重测量方法。

另一方面经过前期对于微信公众号发布内容的数据采集及分析，微信公众号中超过1个月没有内容发布的微信公众号数量超过500万，约占微信公众号总量的50%。每天都有内容进行发布的微信公众号比例仅37万个左右，约占3.7%。

微信公众号发布的内容的传播路径一般来说首先由微信公众号将内容每天一次推送给订阅该公众号的微信用户，一定比例的订阅用户会有阅读，点赞，通过朋友圈转发等动作。通过朋友圈的转发传播之后，转发用户的微信好友即使不是该公众号的订阅者也可以看到该条信息，并进行阅读，点赞或朋友圈转发的动作。研究发现，不管微信公众号发布的内容最后如何扩散传播，其阅读数和点赞量可以完整统计最终阅读过该文章的用户数量规模。但需要引起注意的是，通过公开方式获得的阅读数，其上限值为100000，超过这个数值之后的数据，微信公众号的文章内不再显示其精确的数值，而是全部以100000＋进行显示。这就意味着在利用微信公众号文章的阅读数进行测量微信公众号媒体的影响力在高影响力微信公众号自媒体群中会失去效力。点赞量这一数值虽然从未遇见过超过3万的情况，但基本与阅读数的比例平均维持在2％－2.5％之间，如果仅使用点赞量进行测量，遇到影响力较小的微信公众号自媒体，其点赞量可能为0，但其阅读量客观表示其仍然具有一定的媒体影响力。

为了精确测量，研究团队确定了以阅读数作为主要参考对象，当阅读数超过100000＋以后，按照一般规律，该信息点赞数量具有统计意义，可以作为辅助权重对阅读数进行加权，推测实际阅读数。考虑到不同微信公众号受众的差异，该基于点赞量的辅助权重，由各微信公众号的历史数据记录决定。即现有过去3个月的任一微信公众号a的所有阅读数不超过100000的文章阅读数R(Read)和点赞量L(Like)n组，其点赞量辅助权重为F，则有公众号a的辅助权重公式：

$$Fa=\frac{\sum_{i=1}^{n}\frac{R^{n}}{L^{n}}}{n}$$

计算超过公众号 a 的某一条 100000＋信息内容 j 的实际阅读数 R 时则有：

$$R_{\alpha}^{j} = L^{j} \times Fa$$

在完成真实阅读数测量的计算模型后，就可以以 3 个月为有效时间，将有效时间内的所有处理过的阅读数求平均值，以该值量化目标微信公众号的媒体影响力权重。考虑到自媒体的灵活性与微信公众号平台的高速变化，该权重值需每三个月更新一次。

5.1.3　新闻门户与移动新闻客户端动态影响力指数构建

新闻门户与移动新闻客户端虽然出现的时间跨度很大，且受众存在区别。但研究后发现绝大数据的主流新闻门户或新闻客户端都同时拥有门户网站及移动新闻客户端。并且经过一个阶段的数据采集与比对后确认，同一媒体品牌下的移动新闻客户端与门户网站的新闻原创内容一致，且评论数也是同步的，即用户可以选择通过 PC 终端浏览器评论新闻或者通过同品牌的移动新闻客户端进行评论。因此如同一媒体品牌既有网页版也有移动客户端版，则本节中合并统一测量，测量结果作为该媒体品牌的影响力数值。如仅有新闻门户网站，或仅有移动新闻客户端，由于基础数据项基本一致，一般包括媒体品牌，新闻标题，发布时间，作者，评论数，因此都归为媒体品牌统一测量。

测量网站媒体品牌较为简单，目前较为主流的媒体品牌即有移动新闻客户端的媒体品牌从数量上来说较微博微信的数据总量来说非常有限。前文提及 Google 的 PageRank 算法经过多年实践已经能够较为准确地评价网页权重，因此以三个月作为有效时间，收集观测网站媒体的全部网页的 PageRank 值，该值可通过程序使用 Google 工具栏实现采集。同时研究团队还采集了主要网站媒体信息下面的评论数字进行校验，确认 PageRank 对于评估网页影响力有效。

主要依赖成熟的网页权重算法，对三个月内产生的内容影响力求均值，就可以得到某一个媒体品牌的影响度指数。

5.1.4　传播影响度测量方法

完成测量了上述各主要新媒体平台中各独立媒体的影响力权重以后，就有了测量新媒体上实时产生的任一信息的传播影响度的基础。这里必须要引入两个概念，为了让可测量的信息传播影响度更有实用价值，课题组将传播影响度测量分为实时动态测量与最终静态测量两个方向。

实时动态测量传播影响度是为了快速处理最近的消息并同时处理新出现的信息，在很短的时间内对信息的某一时刻的传播影响力进行评估，并且会需要考虑影响力随信息出现持续时间变长而产生的衰减，这样考虑是由于信息出现的时间越长越可能被越多人发现。其如果是重要信息，会有更大的几率已经被人发现并处理，需要为新产生的还没有被发现的信息让出传播影响力的位置。这对于舆情监管部门业务中的快速发现重要舆情以及快速处理大量舆情相关信息聚焦舆论关注点，争取应对时间有非常强的实践意义。

而最终静态测量传播影响度则无需考虑时间衰减的问题，仅需累加任意新媒体信息在各种新媒体平台上传播可能可以到达的最终用户数，前文已经阐述了这个静态值基本可以在信息发布后的7天后进行测量,测量结果对于考核媒体原创信息的质量,各媒体,各作者的广告价值,编写内容的能力有着直接的指导意义。

要完成上述测量工作,必须要有成熟的技术条件,技术上必须满足能够跨平台的实时高效采集来自微博,微信公众号平台,新闻门户完整和移动新闻客户端上的大量数据。由于当前信息的产生便捷,参与创造信息的网民众多,系统需要即能够存储百亿级别以上的数据,又能够在计算能力与磁盘吞吐上,满足上亿数据实时随机计算的要求,并且这些技术系统的成本要在一个可控的范围内。微趣公司从09年开始研究互联网数据采集和大数据存储分析技术,为本节提供了技术环境与数据保障。具体而言,核心的技术路线主要包括以下三个方面:

(1) 大规模分布式智能网页爬虫技术

目前用于互联网数据获取的方法主要分为2类:

网页爬虫技术。

数据源对外提供的API(应用程序编程接口)。

数据源官方API的数据采集方式,明显具有获取方便,高效,稳定的好处,一旦接通API,数据都以结构化方式开放,整个获取与再加工的技术成本都非常低,这是基于API方式的优势。然而,经过大量的采集实践与数据源的研究可以发现,在中文的互联网数据中,存在大量公开的数据源是不提供API方式以开放数据的,例如微信公众号,天涯论坛等等。在提供API数据获取接口的数据中,也几乎没有提供全部数据内容的数据源。例如新浪微博的API不提供用户属性数据,用户关系数据等等。目前互联网大数据现状是超过90%的数据量集中在小于5%的数据源上,且这些数据源不是不提供API接口,就是数据开放有限,因此要获得较为全面的互联网公开大数据,基于API方式就成为一个不太可行的通用技术方案。

网页爬虫技术从底层 HTTP 协议出发，模拟真实用户访问整个网页，再通过页面解析程序将网页的非结构化数据结构化成有用的数据类型。该技术路线会在处理上多出更多的成本，并且传统的网页获取技术存在效率低，成本高，精确度低等问题。目前互联网数据的特性发生了根本变化，数据量增加了上千倍并且集中在几个重要的数据源中，要获取这些数据并使一整套采集系统具有经济可行性，必须要对传统的网页爬虫技术进行革新。这其中最需要改进的地方在于效率及反屏蔽技术。效率的大规模提升可以是硬件与网络带宽的投入而无需与数据量同比增加上千倍，反屏蔽技术则可以应对所有数据源对于网页采集行为的技术屏蔽。

因此本节使用的系统采用大规模分布式智能网页爬虫技术，利用在全球范围内部署数百个分布式采集点，建立一套统一调度的大规模分布式采集系统。每个采集点独享 IP 与计算资源且 IP 行为和地址没有规律性，难以通过技术手段检测。统一调度系统可以实时掌握采集中的各类反馈数据来优化采集任务发布策略。例如有些网页上的数据更新快，有些更新慢，如用一样的频率进行采集，无疑浪费大量采集资源，智能调度可以随时调整采集的策略使每一次的 IP 请求都能获得最大化的新增数据。此外现在互联网的公开数据存在封闭社区，所谓封闭社交就是任何匿名用户通过注册账号并登陆才可以查看社区内全部数据的社区，例如微博就是一个封闭社区。因此所有的数据采集相较于原来的网页爬虫技术，需要增加对账号的注册与管理模块，并且需要智能模拟一个真实用户的所有行为以免被判定为机器人，影响数据流稳定。

(2) 分布式文件处理系统

基于当前实时数据流的体量巨大，实时从分布式采集点采集回来的数据面临存储和读写的瓶颈。基于实际数据量的计算需求，磁盘 I/O 可能需要达到 GB/s 量级以上，基于传统的文件系统，需要部署高端昂贵的存储系统才能满足此要求，缺乏经济可行性。考虑到文件存储系统还需要解决可靠性与可扩展性问题，为了提高整体性价比，分布式文件处理系统成为最佳选择。

因此选择 Hadoop 分布式系统基础架构来作为本系统的底层文件处理系统，只需使用较多价格低廉的普通企业级硬盘即可以实现高速的磁盘 I/O 要求，并且数据多份冗余，安全可靠，并且方便增加节点，提高整体性能与存储量。

（3） NoSQL 非关系型数据引擎

NoSQL，泛指非关系型的数据库。随着互联网 web2.0 网站的兴起，传统的关系数据库在应付 web2.0 网站，特别是超大规模和高并发的 SNS(社交网络服务)类型的 web2.0 纯动态网站已经显得力不从心，暴露了很多难以克服的问题，而非关系型的数据库则由于其本身的特点得到了非常迅速的发展。

计算机体系结构在数据存储方面要求具备庞大的水平扩展性，水平扩展性指能够连接多个软硬件的特性，这样可以将多个服务器从逻辑上看成一个实体，而 NoSQL 致力于改变这一现状。Google 的 BigTable 和 Amazon 的 Dynamo 使用的就是 NoSQL 型数据库。它们可以处理超大量的数据。

基于对于数据类型的分析，高并发的社交网络数据是目前互联网实时大数据的主要数据源，以中国为例，大量数据来自于微博，微信等 SNS 类型的数据源。从能力对等角度来看，要实时采集并处理海量 SNS(社交网络服务)数据，必须采用性能相仿的数据库技术，目前几大微博数据服务平台，包括新浪微博，Twitter，Facebook 等后台均采用 NoSQL 的非关系型数据库进行数据存储与处理。

本节研究利用先进的互联网采集技术与大数据处理分析技术，首先获取了大量新媒体发布信息的历史数据。基于主要研究的微博，微信公众号，新闻门户网站及移动端新闻 App 等新媒体代表特点，分别设计了并给出了测量各媒体当前影响度指数的计算方法并通过计算机程序实现批量快速计算。这一媒体影响度指数可以阶段性进行自动化更新，来适应可能出现的新的强影响力媒体。利用评估出的媒体影响度指数，就可以使用研究获得实时与静态二种新媒体信息传播影响度指数算法对新媒体中产生的信息进行实时状态与最终状态的影响度测量。该测量方法的确定可以帮助舆情监管部门在有限的人力情况下，依靠信息技术，高效实现其业务目标。

5.2　发布者位置和争议性对在线社区信息分享行为影响仿真研究

在线社区信息分享机理研究是国际营销学界研究的前沿与热点。以往研究发现社交网络特征和信息特征会对在线社区信息分享产生影响，但是大多为单一因素研究，且着重在信息的可讨论性和热度，而较少从信息争议性入手且综合两方面因素来研究其对在线社区信息分享行为的影响机理。信息争议性对于在线社区信息分享具有双重影响：一方面，争议性信息的有趣性会增加人们信息分享的意愿；另一方面，争议性信息的不适感会降低人们信息分享的意愿。本节从心理学和社会学视角，通过模拟的社交网络构建了个体之间进行信息分享过程的微观模型。仿真实验研究结果表明，信息争议性增大，可以帮助信息维持热度并在社交网络之中持续扩散；但是当争议性持续增大，那么则会反过来抑制信息持续分享。另外，信息争议性还会与信息的衰退率及信息发起者的位置对信息分享产生交互影响。

在线社区(Online Community, OC)是人们相互交流、彼此关怀，以形成人际关系网络的基于计算机网络的社会集合体(Rheingold,1993)，如贴吧、论坛、个人空间等。在线社区的信息交流使消费者的信息获取和购买行为都出现了颠覆性变革(Barasch 和 Berger,2014)，让普通人可以更容易的分享传播信息，与他人沟通，使整个社会关系重构，进而产生了巨大的社会影响(Chen 等，2015)。

在线社区中的信息同时具有时间和空间两方面的新特征：时间上，在线信息从开始爆发、再到平息消失的"生命周期"更鲜明；空间上，在线信息的分享在多对多的交互网络里，是一个复杂的社会、心理和信息扩散过程。研究在线社区信息的分享过程可以帮助人们了解在线信息分享的规律与影响因素，帮助人们在信息设计和预测、舆论引导等方面做出科学和正确的决策，这对于企业网络营销和社会舆论监督具有重要意义。研究分析在线信息持续分享的规律和机理，是国际营销前沿和企业实践研究的热点。

以往对网络信息的研究主要预测信息分享的集体效应(Bass，1980)，如信息生命周期与新信息的发起(Golder 和 Tellis,2004)以及社交网络如何引起信息扩散(Iyengar, Van den Bulte 和 Valente,2011)。社交网络将个体与集体属性(如个体密度等)之间的关系连接了起来，这些集体属性对于信息分享的体量以及有多少个体参与到信息分享之中有着非常重要的影响。另外，大规模的信息分享更倾向于发生在连接更紧密的社交网络之中

(Watts,2002)。尽管社交网络模型对于研究信息分享有很大参考作用,但是当信息或个体本身不具有分享性的时候,宏观的研究就没有了太大的价值。因此,这一领域的研究往往忽略信息特征和个体对于信息分享的影响,而这些心理学层面的因素对信息的持续分享至关重要。

近年来以心理学为基础的研究者采取基于信息特征和个体特征的研究方式,更加关注心理学层面的因素是如何影响在线社区信息分享的。首先,在线社区信息本身的特征会影响人们分享意愿。某些出人意料的文章或者一些令人厌恶的社会传闻可能会引起更多的人分享(Lusch 和 Tay,2004),信息参与度与热度会影响个体对信息分享的意愿(Berger 和 Milkman,2012),信息分享的双向性也会促进信息的集体分享(Schaller 和 Conway III,2002)。另外,部分学者发现具有争议性的信息往往会更加引起人们讨论的兴趣,信息争议性是指固有的、会影响信息讨论可能性的因素,即信息引起大众思考并产生认知分歧的特性(Chen 和 Berger,2013)。有学者研究发现信息本身都具有不同的争议性程度或者具有相对立的观点(Chen 和 Berger,2013)。媒体公司高管认为,电视节目有争议性的情节更容易引起人们的讨论(Steel,2011)。类似的观点也在一个实验研究中被证实:争议性越高,信息越容易被分享传播(Chen 和 Berger,2013)。从一方面来看,争议性的信息是更加有趣的,而人们更愿意讨论有趣的信息;而从另一方面来看,富有争议性的信息在讨论的时候也会相对不那么舒服,这也会降低人们讨论争议性信息的意愿(Buss,1990)。研究进一步发现,争议性上升并不能持续的提高信息的分享,尽管一定程度的争议性可以提高口碑分享概率,但是额外的争议性则会反过来抑制信息分享。

其次,信息分享行为也受到了个体特征的影响。比如信息发起者,社交网络的个体密度等(Goldenberg,Libai 和 Muller,2001;Libai,Muller 和 Peres,2005)。研究表明,即使一个信息本身是易于被人讨论的,但是如果信息发起者并不与其他个体紧密相连,信息可能很快就会失去热度;而相反的,如果信息发起者是在社交网络的中心并与其他个体紧密相连,但是信息本身可讨论性不高,信息也无法持续的分享下去。也有学者研究了个体心理特征——自我独特性对于个体信息分享意愿的提升作用(Cheema 和 Kaikati,2010)。

然而,这些研究的都相对割裂,仅考虑了社交网络特征、信息特征或者个体特征单一的影响。而研究社交网络中信息分享的集体效应需要理解这些不同方面的因素是如何共同作用来产生影响的。Stephen 和 Berger(2009)从整合的视角研究了社交网络特征和信息特征的共同作用,但是他们着重在信息的参与性和热度,没有从一个更重要信息特征——信息争议性对信息分享双重影响的角度入手来研究其对在线社区信息分享行为的影响机理。

本节从心理学和社会学两个视角,综合考虑信息争议性和社交网络及个体特征对在线社区信息分享行为的影响,采取基于主体的建模方式(Goldenberg,Libai 和 Muller,2001),建立了一个社交网络信息分享的个体行为模型,同时将模型适用于模拟的社交网络之中,进行仿真实验。然后从个体信息分享过程入手,研究了集体信息分享效应,研究信息争议性、信息发起者(Libai,Muller 和 Peres R,2005)以及社交网络特征是如何共同作用来驱动信息持续分享的。

5.2.1　在线社区信息分享行为的个体模型

本节基于已有的信息分享个体模型,引入信息争议性,构建在线社区特征和信息争议度等信息特征对在线社区信息分享行为的交互影响模型。首先，社交网络和个体特征会影响在线社区中的信息分享行为。信息热度就来源于个体对信息的热度与分享：1）信息分享者分享信息时展现的兴趣就意味着对信息的热度值；2）信息分享者与其他个体的联系紧密度会影响信息的分享，信息分享者和其他个体联系越紧密，热度就会更加易于传递和维持；3）信息分享不仅可以加强信息热度，促进信息的持续分享，同时抑制信息热度衰退的负面影响。其次，信息本身的特性也会影响在线社区信息分享行为。某些信息是有争议性的，因其有趣性和争议的非舒适性双重作用导致该信息的扩散速度出现增加和降低的双重可能。

信息在在线社区中的分享过程如下：首先赋予信息本身一个初始热度，信息发起者接收信息及热度，然后以一定概率将信息分享给其他个体，同时传递信息热度。其他个体接收信息后，得到传递的信息热度并进行一定衰退，产生自己的信息热度，再以一定概率向其他个体分享，从而形成信息在在线社区中的持续分享。

一、在线社区中的信息分享者

假设信息分享是存在于由 N 个个体组成的在线社区之中。

（1）初始信息分享者

初始信息分享者即为信息发起者。信息发起者与在线社区中其他个体的联系紧密程度会影响信息的持续分享。信息发起者与其他个体的联系程度是否紧密主要取决于他们在在线社区之中的紧密中心性。紧密中心性的度量是选取信息发起者的最主要标准（De Nooy，Mrvar 和 Batagelj，2011）。个体拥有的直接相连的社交个体数量，是过去研究时在中心性度量中被最多使用的。

当个体与其他个体有较短的平均社交距离，那么紧密中心性度量值就会更高，我们定义这些个体为内部信息发起者；反之则度量值会更低，而这些个体则定义为外部信息发起者。相对于外部信息发起者，内部信息发起者对于信息持续分享和热度的加强有更好的作用，因为他们距离网络之中的其他个体具有更近的距离。

（2）启动信息分享

当在线社区中有一定数量的信息发起者，满足：

$$0<N_{发起者}<N \tag{1}$$

信息发起者就开始了信息分享，以一定概率将信息分享给在线社区中与其相连的其他个体，其他个体接收信息后成为新的信息分享者。在信息的持续分享过程中，当某些个体的信息热度低于给定阈值时，他们就不会再分享信息。所以我们假设发起者在 t=1 时刻，对于信息有较高的初始热度，并且高于阈值 ϕ：

$$\phi\in[0,1] \tag{2}$$

二、信息分享的概率

为了简化过程，本节将持续分享的时间分为离散的时段，假设信息分享是一对一的进行，并且信息热度只能在个体分享信息时随之传递。在线社区中信息持续分享的过程中，个体每个时间段都会根据信息分享概率决定是否分享信息以及向谁分享信息。假设 j 是信息分享者，在每个时段，j 根据一定概率选择个体 i 为分享对象。假设 P_{ijt}是个体 j 在 t 时段与个体 i 分享当前信息的概率。有两部分因素会影响 P_{ijt}，一部分与信息参与者特性相关，包括信息分享者和信息接收者；另一部分与信息本身特性相关。

（1）信息参与者特性——信息分享者和信息接收者

个体 j 是否与个体 i 分享当前信息，不仅仅取决于分享者本身对信息的热度，也取决于他们认为信息接收者会有多高的热度值。当分享信息时，人们喜欢被倾听，同时大部分人希望对话可以顺利的进行下去。因此，信息分享者更倾向于向信息接收者分享其感兴趣的信息。

1）个体对信息的热度

当一个新信息分享到此社区时，每个个体对于信息都有一个初始热度值（为 0），并且由于社区的交互行为不断随时间变化。我们定义：

$$Y_{it} \in [0,1] \tag{3}$$

为个体 i 在 t 时刻开始时对于某一特定信息的热度。从 0 开始并且一直保持为 0，直到个体 i 从朋友那里接收到了信息并且获得了一定量的热度值。

2）信息分享者与信息接收者的热度权重分配

信息分享者者和接收者的信息热度需要综合考虑，不同的个体对于分享者和接收者两方面因素的考虑权重不同。模拟函数如下：

$$\tau_{ijt} = \gamma_i Y_{jt} + (1-\gamma_i) Y_{it} \tag{4}$$

$\tau_{ijt} \in [0,1]$表示个体在 t 时段对自我和他人热度权重分配，影响最后分享概率。γ_j 为个体对自身热度的权重分配，更加自我关注的个体会有更高的 γ_j 值，而那些更加考虑他人感受的个体则会有相对较低的 γ_j 值。

（2）信息争议性

信息本身的特征——争议性同样也会影响在线社区的信息分享行为。首先引入参数：

$$\varepsilon \in [0,1] \tag{5}$$

$\varepsilon=0$ 表示信息完全不具有争议性，而 $\varepsilon=1$ 表示非常具有争议性。由过去的研究成果,信息争议性与信息分享传播的关系为倒 U 型,所以我们假设信息争议性与个体分享该信息的可能性(排除其他人对于该个体的影响)之间呈二次函数的关系:

$$p_i = a_i\varepsilon^2 + b_i\varepsilon + c_i \tag{6}$$

表示仅受信息争议性影响时个体分享信息的可能性,为二次函数模型的参数。

(3) 信息分享概率

综合考虑两部分因素的影响,得到信息分享者分享信息的概率:

$$P_{ijt} = \alpha_i\tau_{ijt} + (1-\alpha_j)(\alpha_i\varepsilon^2 + b_i\varepsilon + c_i) \tag{7}$$

其中 $\alpha_j\varepsilon[0,1]$表示信息参与者特性对于信息分享概率影响的权重。某些个体会更关注信息本身的特征——争议性,而较少考虑自身和他人对信息的兴趣,这样的个体会具有更低的 α_j 值。在每一个时刻,与个体 j 直接相连的所有个体都会与之有一个对应的 P_{ijt} 值,表示两者之间发生信息分享的概率,个体 j 则会选择其中概率最大的个体 i 进行信息分享。

三、信息热度的传递

首先,根据阈值传染模型(Leskovec,Adamic 和 Huberman,2007),当信息分享者分享信息时,他们会给予信息接收者一定的热度值。我们定义:

$$d_{ijt} \in [0,1] \tag{8}$$

为分享者 j 在 t 时刻给接收者 i 的热度。同时考虑分享者和接收者两个个体的热度水平来确定实际传递的热度值。d_{ijt} 由信息分享者与接收者的相对热度水平决定,即:

$$d_{ijt} \sim U(a,b) \tag{9}$$

$$\alpha = min(Y_{it}, Y_{jt}) \tag{10}$$

$$b = max(Y_{it}, Y_{jt}) \tag{11}$$

因此个体 i 在 t 时刻结束时的热度为(在衰退发生之前):

$$Y_{it}^{*} = \begin{cases} 0, Y_{it} + d_{ijt} = 0 \\ Y_{it} + d_{ijt}, 0 < Y_{it} + d_{ijt} < 1 \\ 1, Y_{it} + d_{ijt} \geqslant 1 \end{cases} \tag{12}$$

其次,衰退率是信息固有属性,它会抑制信息的持续分享,某些信息更易维持分享热度即信息的衰退率较弱。个体对于信息的热度会随时间逐步衰减,我们假设个体 i 的热度在某个时段结束和另一个时段开始之间发生衰减,所以个体 $t+1$ 时刻开始时的热度值为:

$$Y_{i,t+1} = (1 - \delta_i) Y_{i,t}^{*} \tag{13}$$

其中 Y_{t-1}^{*} 是上一个时段结束时的热度值,$\delta_i \in [0,1]$ 为衰退率。这个比率是信息的固有特征属性:某些信息相对于其他信息更易维持热度不易衰退。同时,由于个体之间对于信息兴趣的时间跨度会有差异,所以每一个个体的衰退率是按照信息本身的衰退率进行分布的。

5.2.2 在线社区信息分享行为仿真实验

一、在线社区生成及模型参数设定

由于实际的在线社区研究往往受到网络内部各种其他微观因素的影响,所以很难得到无偏且具有因果关系的结论。因此本实验选择采用基于主体的建模方式和仿真实验,可以控制不同的影响因素,观测到不同因素之间的交互作用,同时规避在线社区内部其他内生性的影响因素。本节在实验中控制信息特征(争议性、衰退率）以及信息发起者在在线社区中的位置，并调节热度的阈值来观测变量对于实验结果的影响。

首先我们使用拓扑网络生成算法（*Network Generation Algorithm*）来生成模拟的在线社区，然后设定在线社区的各种参数：

（1）争议性模型参数

本节在前面假设信息争议性与个体分享该信息的可能性（排除其他人对于该个体的影响）之间呈二次函数的关系：

$$p_i = \alpha_i \varepsilon^2 + b_i \varepsilon + c_i \tag{14}$$

$\varepsilon \in [0,1]$为争议性水平，实验中会进行不同水平的初始设定。

a_i, b_i, c_i 为二次模型的参数，需满足一定条件以匹配模型实际意义（如当争议性为 0 和 1 时，个体分享信息的可能性都应该大于 0；个体分享信息的可能性最大值小于 1，且该值位于争议性水平为 0 和 1 之间），由此可得参数范围：

$$\begin{cases} a<0, 0<c<1, a+b+c>0 \\ \dfrac{4ac-b^2}{4a}<1 \\ 0<-\dfrac{b}{2a}<1 \end{cases} \tag{15}$$

解不等式后可得：

$$c<\frac{1}{2}\begin{cases} -c<a<0, 0<b<-2a \\ c-1\leqslant a\leqslant -c, -a-c<b<-2a \\ c-2-2\sqrt{1-c}<a<c-1, -a-c<b<2\sqrt{a(c-1)} \end{cases} \tag{16}$$

$$c>\frac{1}{2},\begin{cases} c-1<a<0, 0<b<-2a \\ -c\leqslant a\leqslant c-1, 0<b<2\sqrt{a(c-1)} \\ c-2-2\sqrt{1-C}<a<-c, -a-c<b<2\sqrt{a(c-1)} \end{cases} \tag{17}$$

其中参数 c 表示当争议性为 0 的时候，个体愿意分享信息的意愿。实际仿真过程中，先对于参数 c_i 进行赋值，$c_i \sim U(0,1)$，由此确定参数 a_i 的范围，并对于 a_i 在范围内随机赋值，最后得到 b_i。

（2）信息衰退参数(δ_i)

信息的衰退率为 δ，个体的 δ_i 均在 0 到 1 之间，且均值为 δ，因而 $\delta_i \sim tN(\delta,\xi^2)$服从截断正态分布，从而确定 δ_i 的赋值。个体对于信息的衰退率并不完全一致，因为有些个体能够对于某一特定信息保持较长时间的热度，而有些个体则无法长时间保持高于阈值的热度。在仿真实验过程中，将这个截断正态分布的方差设为 .01，以确保个体衰退率的不一致性，但同时保证总体衰退率还是依照信息本身衰退率分布，不会分布的太过宽泛。

（3）热度混合权重参数(γ_j)

个体对于信息的热度是更受自己的主观影响还是受他人的影响，由 γ_j 决定，信息分享者如果更加自我关注，那么就会有更高的 γ_j 值，因而 $\gamma_j \sim U(0,1)$。

（4）个体-信息混合权重参数(α_j)

α_j 决定信息分享者传递信息时，是更关注自己与接收者的特性，还是更关注信息本身的性质(如信息争议性等)，更关注信息本身特性的个体会有更低的 α_j 值，赋值 $\alpha_j \sim U(0,1)$。

（5）信息发起者热度值($Y_{i,t=1}^{发起者}$)

选取若干个个体作为信息的发起者，并赋予其一定程度的热度，使其超过设定的阈值，因而 $Y_{i,t=1}^{发起者} \sim U(\phi,1)$。在仿真实验中，信息发起者的热度值会在阈值和 1 之间均匀分布。这是为了确保信息发起者受到营销行为影响时产生的热度具有不一致性。

（6）热度传递量(d_{ijt})

信息热度的传递量由传递者与接收者的相对热度水平决定，即 $d_{ijt} \sim U(a,b)$，其中 $a=min(Y_{it},Y_{jt})$，$b=max(Y_{it},Y_{jt})$

二、仿真实验

本节设计了基于固定的、理想化的在线社区设计仿真实验，其中包含1000个个体。在一次仿真实验过程中，信息在$t=1$时刻被引入到在线社区之中，选取20个信息发起者作为第一批接受到新信息的个体(2%的人口比例)。经过先验实验，为了确保有充足的时间让输出结果趋于稳定状态，每一次仿真实验运行200个时刻。表1列出了仿真实验过程之中的主要参数以及水平。

对于每一次仿真实验(用参数k表示第几次实验)，记录每一个时刻的两个输出变量：分享度$_{kt}$与兴奋度$_{kt}$。在第k次实验过程中，分享度$_{kt}$记录每一时刻所有个体分享信息的概率P_{ijt}的总和；兴奋度$_{kt}$记录每一个时刻个体的热度值大于阈值的比率。当很大一部分的个体处于高热度状态时，持续的信息分享就能够在在线社区之中发生，因此兴奋度$_{kt}$是衡量信息总体热度的主要因变量。

本节对于变量进行不同水平的控制，一共进行792组实验(9衰退×11争议性×2发起者×4阈值)，生成792组面板数据，同时每一组数据具有200×2个按时序排列的观测值。对于每一个输出变量，采用动态随机效应模型进行参数估计。

表5-1　仿真实验主要参数及参数水平

Table 5-1　The main parameter and level of simulation experiment

参　数		参数水平
信息特征	衰退率($\delta_i\in[0,1]$)	0;.025;.05;.075;.1;.125;.15;.175;.2
	争议性($\varepsilon\in[0,1]$)	0;.1;.2;.3;.4;.5;.6;.7;.8;.9;1
在线社区特征	信息发起者位置	内部信息发起状态/外部信息发起状态

5.2.3　结果与讨论

针对分享度$_{kt}$与兴奋度$_{kt}$的回归模型的参数估计、标准差及显著性的结果如表 5.2 所示。

一、主要效应

争议性对于分享度$_{kt}$与兴奋度$_{kt}$具有显著正效应($p<.05$)，而争议性^{2}对两个因变量具有显著的负效应($p<.01$)，但后者的参数估计比前者大很多，表明争议性与信息在在线社区之中持续分享的关系主要为二次关系，即倒 U 型。即当争议性增大的时候，可以帮助信息维持热度并在在线社区之中持续分享，但是当争议性持续增大到一定程度后，就会反过来抑制信息持续分享。另外，争议性与争议性^{2}对于兴奋度$_{kt}$的影响没有分享度$_{kt}$显著，这是由于争议性是信息固有属性之一，在模型之中直接影响个体分享信息的概率，而间接影响热度的变化，所以对分享度$_{kt}$的显著性强于兴奋度$_{kt}$。

争议性×衰退率以及争议性^2×衰退率对于兴奋度$_{kt}$分别有显著的正效应($p<.01$)和负效应($p<.001$)，而对于分享度$_{kt}$的影响作用都不显著($p>.1$)。前者说明当衰退率和争议性交互作用时，与信息分享的关系也呈倒 U 型，争议性会部分抵消衰退率的影响，抑制信息的衰退。后者不显著的可能原因是，分享度是个体分享概率总和，衰退率的变化导致信息分享过程中分享个体数量的变化，争议性直接影响个体的分享概率，两者的影响作用都带有随机性，交互后随机性产生相互抵消，从而导致交互效应不显著。

争议性×发起者位置与争议性^2×发起者位置，对因变量的效应的正负值与争议性和争议性^{2}相同，但效应显著增强（参数估计值增大，$p<.001$）。说明信息发起者是内部发起者时有利于维持信息热度、减缓信息发生衰退，从而增强争议性的U型效应。这是因为信息在在线社区之中并不是单向的进行分享，而是从前至后同时从后至前循环往复的分享过程，内部信息发起者由于与网络中其他个体有更近的平均距离，同时从其他个体分享回来的路径也会相对较短，有利于减少热度值在多次传递过程中的损失，使热度值传递量维持较高的水平。

二、其他效应

衰退率的参数估计结果与原假设一致。衰退率对于分享度$_{kt}$与兴奋度$_{kt}$具有负效应，即衰退率会抑制信息分享。

发起者位置对于分享度$_{kt}$与兴奋度$_{kt}$不具有明显的显著性（$p>.1$），这是由于信息发起者位置对于个体之间的微观分享过程而言是外部因素，在回归模型里对因变量带来的主要是初始值的大小即截距的不同，单独对信息的持续分享过程影响不显著，但会与争议性等内部因素发生交互影响。

衰退率×发起者位置对于因变量分享度$_{kt}$与兴奋度$_{kt}$都具有显著的正效应（$p<.001$）。因为信息发起者在内部相比于在外部时，会一定程度抵消衰退率的影响，信息的分享度和兴奋度都会衰退的更慢。

阈值对于分享度$_{kt}$与兴奋度$_{kt}$都具有显著的负效应（$p<.001$）。当阈值上升的时候，信息在在线社区之中会更加难以持续分享。这是因为在信息分享过程中，阈值越高，信息热度能达到阈值并进行信息分享的个体越少，从而抑制了信息进一步的分享扩散。

在时滞效应中可以看到，分享度$_{k,t-1}$与分享度$_{kt}$以及兴奋度$_{k,t-1}$对于兴奋度$_{kt}$都有显著的正效应（$p<.001$），说明了在线社区中的信息分享是一个动态持续的行为模型，上一阶段的行为对下一阶段的行为影响很大。

表 5-2 仿真实验结果参数估计及标准差

Table 5-2 The parameter estimation and standard deviation of the results of simulation experiment

参数估计(标准差)		
	分享度$_{kt}$	兴奋度$_{kt}$
主效应		
衰退率	−.459(.207)*	−.461(0.099)***
发起者位置	−.094(.035)^{ns}	−.046(.017)^{ns}
争议性	.465(.115)**	.048(0.055)**
争议性^{2}	−.294(.111)**	−.138(0.053)**
时滞效应		
分享度$_{k,t-1}$	.735(.002)**	N/A
兴奋度$_{k,t-1}$	N/A	.829(.003)**
交互效应		
衰退率 * 发起者位置	.668(.140)***	.966(.293)***
争议性 * 衰退率	−1.076(.964)^{ns}	1.202(.461)**
争议性^{2} * 衰退率	.238(.928)^{ns}	−1.578(.444)***
争议性 * 发起者位置	.611(.162)***	.295(.077)***
争议性^{2} * 发起者位置 *	−.950(.156)***	−.454(.075)***
争议性 * 衰退率 * 发起者位置	−4.072(1.362)**	−3.006(.652)***
争议性^{2} * 衰退率 * 发起者位置 *	5.975(1.311)***	3.798(.628)***
其他效应以及模型参数		
阈值	−2.823(.068)***	−1.399(.032)***
截距	.710(.026)***	.360(.013)***

** $p<.001$, ** $p<.01$, * $p<.05$, ^{ns}*not significant*

5.2.4 理论贡献

本节首次阐明了信息特征(如争议性)和社交网络个体特征(如发起者位置)对在线社区信息持续分享的共同作用机理。本节首次在仿真模型中引入了争议性信息特征,模拟了争议性信息在社交网络中的热度传递路径,并阐明了有别于一般的信息特征的传播特性。首先,本节不仅表明衰退率会抑制信息分享,而且还发现争议性信息在社交网络之中持续分享的关系呈倒 U 型,即当争议性增大的时候,可以帮助信息维持热度并在社交网络之中持续扩散,但是当争议性持续增大,那么则会反过来抑制信息持续分享。其次,在在线社区中,如果信息发起者位置处于内部时,人们讨论当前信息的概率会随时间衰退的较慢,说明内部信息发起者对于信息持续分享有正面的影响作用,而且可以帮助增强争议性对于信息持续分享的 U 型效应。

本节采用拓扑网络生成算法来生成模拟的在线社区,然后设定在线社区的各种参数,并且将模型应用于模拟的社交网络之中进行仿真实验。这有别于以往只能研究争议性信息个体行为的实验室实验。本节基于社交网络个体行为的微观模型结合集体信息分享效应,通过将个体层面的分享过程以及社交网络层面的信息扩散过程相结合,不但得到了信息分享的结果,同时也发掘驱动分享的主要信息特征、信息发起者和分享者是如何持续作用于在线社区信息分享。

第六章　政府、企业在线社区建设的管理启示

6.1　运用“舆情感知服务”系统帮助政府实时掌控和引导舆情

上一章利用互联网采集技术与大数据分析技术，首先获取了大量新媒体发布信息数据，然后基于微博、微信公众号、新闻门户网站及移动端新闻 APP 等新媒体特点，分别设计了各媒体当前影响度指数的测量方法并通过计算机程序实现批量计算。这一媒体影响度指数可以阶段性进行自动化更新，来适应可能出现的新的强影响力媒体。基于媒体影响度指数模型，就可以使用研究获得实时与静态二种新媒体信息传播影响度指数算法对新媒体中产生的信息进行实时状态与最终状态的影响度测量。使得在有限的人力情况下，管理者依靠信息技术，高效实时掌控舆情动向，为政府政策调整提供参考依据和理论支持，提升政府在线信息控制和信息管理水平。

对政府而言，可以匹配不同的发布者特征和语言表达形式以更好的引导舆情。本书研究成果对政府在舆情引导和控制上也可

以有所借鉴。一方面，政府可以设计正确的在线社区规范以提升政府在线信息控制和信息管理水平，结构化地提出引导消费者合法进行信息分享的策略；另一方面，政府在舆情引导上可以依据研究结果匹配信息的传播渠道和语言表达形式，提高信息说服力，达到正确引导舆论的目的。城镇化带来了整个社会居住流动性重大变化，在舆论引导方面，建议根据各类人群的社会特征，在信息中引入归属需求变量，从而更好引导社会舆情。由于政府发布的信息较多是公告，独特性、极端性较低，而在外来人口较多的城市，居民流动性较高，可以有针对性的设计归属需求变量，从而让居民更加容易接受和分享相关信息。

6.2　切入高频开放场景利用发布者开放性和居住流动性扩大信息传播力

对企业而言，在进行口碑营销时可以匹配不同的发布者特征和语言表达形式以获得更好传播效果。在社交网络上某些情境下，弱势信息的说服力反而更高（如在新媒体营销中，逐渐出现这种宣传语：这可能是本年度最好的福利；这个产品用起来感觉还不错吧；网络大 V 发表观点时，语气没有那么确定，给人中肯和严谨的感知，大家对信息的评价更高，更可信）。企业在通过不同在线社区、不同的传播渠道进行口碑营销时，需要结合考虑身份披露这一情境因素，选择最佳的营销信息表达形式——高语言强度/低语言强度，提升口碑营销的效果。具体来说，当企业通过官方渠道实名的传播广告信息，或者通过意见领袖/网络大 V 传播口碑信息时，可以选择低语言强度的信息展示形式；当企业通过水军、普通消费者传播口碑信息，进行口碑营销时，可以选择高语言强度的信息展示形式。通过不同传播渠道下身份披露和语言强度的最佳匹配，提高信息的可信度和说服力，从而更好的实现对品牌的宣传，促进产品的销售。

针对人群居住流动性特征，设计相匹配的独特性和极端性信息属性，提高话题传播力。有针对性的迎合消费者对极端性语言的兴趣引导话题：企业在口碑营销时，应当针对不同地区消费者的居住流动性等社会特征，调整品牌意图传播的信息的独特性，有针对性的迎合消费者对独特性的偏好制造话题，从而获得更加精准的传播效果。针对北上广深等人口流动性较高的发达地区，口碑营销的信息应当彰显“与众不同”、“个性独特”等标签，例如高端汽车品牌宝马（BMW）的一个视频广告语是“每个人都有自己不同的宝马故事”。而对于三四线城市等居住流动性较低的地区，凸显“人人都在用”、“大众”等标签则更加有效，例如拼团购物 APP“拼多多”，广告语是“一亿人都在拼的拼多多”，迅速打开了三四线城市的市场，占据了消费者的心智，成为家喻户晓的拼团品牌。对于主打小众的品牌及产品，应当在广告和信息设计中加入能够引发消费者漂泊感的情境，激发消费者高居住流动的状态，从而提升消费者对独特性信息的分享意愿。当产品的独特性与目标受众的居住流动性不匹配时，可以在广告加入能够引发消费者感知可变性的情境，暂时改变受众的内隐人格倾向，提高对广告甚至产品的接受度。例如当产品本身定位比较大众，而目标市场的消费者是居住流动性较高的群体，可以通过在广告中加入人或事物是会不断改变的思想，使得消费者更加愿意接受并分享独特性的广告信息，产生更加积极的品牌态度和消费行为。有针对性的迎合消费者对极端性语言的兴趣引导话题：针对北上广深等人口流动性较高的发达地区，口碑营销的信息应当避免过度极端、立场过度偏激的表述，例如在新媒体文案、商品宣传图片中出现“99％的人都喜爱”这样的标题，会使得大家更加不愿意转发。其次，当产品营销文案表达方式与目标受众的居住流动性不匹配时，例如文案是较为夸张、极端情况时，可以在广告中加入能够引发消费者归属感、稳定感的情境，暂时改变受众的居住流动性感知，提高对广告甚至产品的接受度。例如当产品文案立场较为极端，而目标市场的消费者是居住流动性较高的群体，可以在广告中通过理性的数据、加入给人归属感的文字，使得消费者更加愿意接受并分享极端性的广告信息，产生更加积极的品牌态度和消费行为。

6.3 针对不同关系类型设计相匹配的信息内容提高品牌传播力和购买转化

建立好友关系，通过炫耀信息推进品牌广泛传播。该研究成果对于企业在社交网络的品牌传播与营销活动有着借鉴意义。如今，社交网络在生活中普遍使用，越来越多的企业选择在互联网进行品牌传播与广告投放。微信的统计数据显示，2016 年除夕夜微信红包总量达 68.4 亿个，有 8000 万张红包照片出现在朋友圈，大家不断热情高涨的炫耀自己抢到的红包，朋友圈里的好友们互相点赞和评论，气氛十分热烈。微信里这种亲密关系下的炫耀行为极大的促进了大家之间的交流和互动，也让微信红包产品获得了极大的成功，形成了迅速、广泛的传播。根据该研究成果的结论，首先，企业在社交网站的主页可以主动关注与品牌内涵相近、持有符合品牌调性的观点的有社交影响力的个人用户，建立好友关系，从而提高这些意见领袖对企业发布的信息的互动意愿，以获取更多的点赞、权威的评论和广泛的转发。其次，对于非常高档、奢侈、具有高度炫耀性的品牌，企业应与目标客户在社交网络中保持好友关系，并注重用户互动，高效反馈，通过大量的互动保持品牌与用户之间密切沟通，以达到品牌传播深入人心的效果。第三，对于炫耀性较低的、日常的产品品牌，在社交网站则不必过分追求好友数量，因为无论是好友关系还是关注关系，信息接收者互动意愿并没有显著差异，此类公司则应注重从多种方面寻求与目标消费者之间的相似性，提升品牌吸引力，由此促进品牌在社交网络中的用户互动活跃度。

强化人际相似性和专业性，通过在线分享正面归因提升品牌形象。该研究成果通过现象观察发现了炫耀性品牌使用在社交媒体上越来越普遍的趋势，这对企业的品牌形象管理、品牌态度改善均有借鉴意义。首先，企业应该提高对社交媒体上消费者关于产品、品牌互动的重视。企业应该关注社交媒体上消费者对品牌的炫耀性使用行为，并将其作为改善品牌形象和品牌态度的重要渠道。同时，在营销活动上有所侧重，着重制造消费者炫耀性品牌使用的可能性。消费者的炫耀性品牌使用并不是仅针对炫耀性品牌才可以，只要品牌使用在社交时能为个体带来社会效益，无论是高档品牌还是低档品牌都可以进行炫耀性使用。因此，企业在进行市场活动和品牌传播时，可以考虑增加活动的社交价值和社会效益，例如发起像“冰桶挑战”这样病毒式、人人推荐式的接力型活动，或在市场活动中强调目标消费群的态度和主张，如“环保”、“LGBT 支持”等具有社交态度和价值的因素。其次，品牌在社交媒体传播中，应有策略的选择意见领袖或传播助手。由于炫耀性品牌使用和人际相似性、专业性对品牌态度有交互影响，企业在进行品牌传播时，应选择与目标消费者具有人际相似性或本身具备产品、行业专业性的意见领袖，而不是不做筛选的雇佣大众水军。由此，通过相似的人或专业的人向目标消费者传达品牌信息和品牌形象，更有利于消费者形成对于品牌的积极态度。最后，企业在选择社交媒体传播者时，考虑从目标消费者群体视角出发，寻找他们愿意给予正面评价、正面归因的传播者。在炫耀性品牌使用和人际相似性、专业性对品牌态度的交互影响中，消费者对于品牌使用者进行炫耀性品牌使用行为的正面动机归因是中介变量。因此，在企业借助其他社交媒体传播者进行传播时，可以从消费者视角出发，寻找他们心理认同的、好评度较高的目标账户，以此促进消费者在观察到品牌信息时，出于对这类账户发布动机的正面归因，产生更积极的品牌态度。

6.4　针对不同关系强度从争议性、自嘲性角度创造高热度话题

争议性信息对于口碑分享和事件营销毋庸置疑存在促进或是抑制的作用。这些结论对于如何策划营销活动有着至关重要的价值。研究建议，为了促进个体向他人分享信息，首先，选择兴奋度高的信息发起者与接收者，延长信息传播的持续时间。其次，社交媒体营销人员一定要避免活动的争议性超过某一个适当的水平。尽管可以很直观的了解到人们会避免谈论非常具有争议性的信息（如堕胎），也可以发现即使比较适当的争议性水平也会让人们开始积极谈论信息，即当争议性增大到一个适当水平时，可以帮助信

息维持热度并在社交网络之中持续扩散。企业可以利用具有一定程度争议性的市场策划来提升知名度。

自嘲信息的研究结论不仅可以为企业线上营销中新媒体信息的有效传播提供一定的实践指导意义，还能给在线社区中的个体进行更好的社会关系维系、人际交往提供有效的指导。通过研究发现，自嘲信息的交互情境对自嘲信息的分享及效应都有很大影响。交互情境是可以控制和选择的，对于企业来说，不仅可以针对不同的交互情境设计不同的信息以增加个体自嘲信息分享的意愿，促进营销信息的传播和推广，还能在不同的交互情境下主动分享自嘲信息，引起舆论共鸣，引爆营销信息的"疯传"。对于个体来说，则可以在不同的交互情境下选择不同的自嘲信息分享策略，最大化自嘲信息分享的正面效应以形成良好的印象管理，满足自我提升的动机，同时，避免负面效应以减少对自身形象的损害，从而改善个体的人际交往和社会关系。

6.5　基于田野实验和模型构建预测消费者实际购买行为

基于田野实验分析，关注关系与语言强度匹配能促进消费者的实际购买行为。基于田野实验研究发现，关注关系下，消费者对弱势语言的可信度评估更高，从而提升对信息内品牌和产品的评价，相比强势语言有更高的购买概率；非关注关系下，消费者对强势语言的可信度评估更高，从而提升对信息内品牌和产品的评价，相比弱势语言有更高的购买概率。田野实验的数据分析，一方面从实践角度验证了在线社区开放性对消费者信息分享意愿的影响作用，形成理论、实践的研究闭环，另一方面将在线社区开放性对消费者的影响研究拓展到购买行为，进一步增强了实践指导价值。

参考文献

[1] Agarwal N，Liu H，Tang L，et al. Identifying the influential bloggers in a community[C]. Proceedings of the 2008 International Conference on Web Search and Data Mining，2008：207—218.

[2] Albrecht G L，Higgins P C. Rehabilitation Success：The Interrelationships of Multiple Criteria[J]. Journal of Health & Social Behavior，1977，18(1)：36—45.

[3] Andeweg，Gagestein S，de Jong J，et al. 'Poke fun at yourself'：the problem of self-deprecating humor[C]. SEFI conference Global Engineering Recognition，Sustainability and Mobility，2011.

[4] Ansari A，Koenifsberg O，Stahl F. Modeling multiple relationships in social networks[J]. Journal of Marketing Research，2011，48(4)：713—728.

[5] Aral，S.，Walker D. Identifyingisnfluential and susceptible members of social networks[J]. Science，2012，337(6092)：337—341.

[6] Babić Rosario A，Sotgiu，F，De Valck K，Bijmolt T H. The effect of electronic word of mouth on sales：A meta-analytic review of platform，product，and metric factors[J]. Journal of Marketing Research，2016，53(3)：297—318.

[7] Bagozzi R P，Dholakia U M. Intentional social action in virtual communities[J]. Journal of interactive marketing，2002，16(2)：2—21.

[8] Bagozzi R P，Dholakia U M，Pearo L R K. Antecedents and consequences of online social interactions[J]. Media Psychology，2007，9(1)：77—114.

[9] Baker A M，Donthu N，Kumar V. Investigating how word-of-mouth conversations about brands influence purchase and retransmission intentions. Journal of Marketing Research[J]，2016，53(2)：225—239.

[10] Baker S M, Petty R E. Majority and minority influence: source-position imbalance as a determinant of message scrutiny[J]. Journal of Personality & Social Psychology, 1994, 67(1): 5—19.

[11] Bakshy E I R, Marlow C, Adamic L. The role of social networks in information diffusion[C]. 21st ACM World Wide Web Conference, Lyon, France. 2012, April: 16—20.

[12] Barasch A, Berger J. Broadcasting and narrowcasting: How audience size affects what people share[J]. Journal of Marketing Research, 2014, 51(3): 286—299.

[13] Bass F. A New Product Growth Model for Consumer Durables[J]. Management Science, 1980, 15(1): 215—227.

[14] Baumeister R F. Identity: Cultural change and the struggle for self [M]. Oxford University Press, 1986.

[15] Baumeister R F, Leary M R. The need to belong: desire for interpersonal attachments as a fundamental human motivation[J]. Psychological Bulletin, 1995, 117(3): 497—529.

[16] Beer J S, Chester D S, Hughes B L. Social threat and cognitive load magnify self-enhancement and attenuate self-deprecation[J]. Journal of Experimental Social Psychology, 2013, 49(4): 706—711.

[17] Belk R, Painter J, Semenik R. Preferred solutions to the energy crisis as a function of causal attributions[J]. Journal of Consumer Research, 1981: 306—312.

[18] Belk R. Possessions and self[M]. John Wiley & Sons, Ltd, 1988.

[19] Belk R W. Possessions and the extended self[J]. Journal of Consumer Research, 1988, 15(2): 139—168.

[20] Berger J. Word of mouth and interpersonal communication: A review and directions for future research[J]. Journal of Consumer Psychology, 2014, 24(4): 586—607.

[21] Berger J, Heath C. Where consumers diverge from others: Identity signaling and product domains[J]. Journal of Consumer Research, 2007, 34(2): 121—134.

[22] Berger J. Arousal increases social transmission of information[J]. Psychological Science, 2011, 22(7): 891—893.

[23] Berger J, Buechel E. Facebook therapy? why do people share self-relevant content online? [J]. Social Science Electronic Publishing, 2012.

[24] Berger J, Milkman K L. What makes online content viral? [J]. Journal of marketing research, 2012, 49(2): 192—205.

[25] Berger J, Schwartz E M. What drives immediate and ongoing word of mouth? [J]. Journal of Marketing Research, 2011, 48(5): 869—880.

[26] Berscheid E, Reis H. Attraction and close relationships. In D. T. Gilbert, S. T. Fiske, & G. Lindzey[J]. The handbook of social psychology, 1998, 4(1):193—281.

[27] Ben-Ze'ev A. Privacy, emotional closeness, and openness in cyberspace [J]. Computers in Human Behavior, 2003, 19(4): 451—467.

[28] Blankenship K L, Craig T Y. Language and persuasion: Tag questions as powerless speech or as interpreted in context[J]. Journal of Experimental Social Psychology, 2007, 43(1):112—118.

[29] Blankenship, K. L., Holtgraves, T. The role of different markers of linguistic powerlessness in persuasion. Journal of Language and Social Psychology, 2005, 24(1):3—24.

[30] Boyd D E, Kannan P K, Slotegraaf R J. Branded apps and their impact on firm value: A design perspective[J]. Journal of Marketing Research, 2019, 56(1): 76—88.

[31] Bradac J J, Street Jr. R L. Powerful and powerless styles of talk: A theoretical analysis of language and impression formation[J]. Research on Language and Social Interaction, 1989/1990, 23: 195—242.

[32] Bradac J J, Cargile A C, Hallett J S. Language attitudes: Retrospect, conspect, and prospect[J]. The new handbook of language and social psychology, 2001, 3.

[33] Bian Y. Bringing strong ties back in: Indirect ties, network bridges, and job searches in China[J]. American sociological review, 1997: 366—385.

[34] Bristor J M. Enhanced explanations of word of mouth communications: the power of relationships[J]. Research in consumer behavior, 1990, 4 (1): 51—83.

[35] Brock T C. Communicator-recipient similarity and decision change[J]. Journal of Personality and Social Psychology, 1965, 1(6): 650.

[36] Brown J J, Reingen P H. Social ties and word-of-mouth referral behavior[J]. Journal of Consumer research, 1987, 14(3): 350—362.

[37] BuechelE, Berger J. Facebook Therapy? Why People Share Self-Relevant Content[A]. Zeynep Gürhan-Canli, Cele Otnes, and Rui(Juliet) Zhu. Advances in Consumer Research[C]. Duluth: Association for Consumer Research, 2012.

[38] Burgoon M, Jones S B, Stewart D. Towarda message-centered theory

of persuasion: three empirical investigation of language intensity[J]. Human Communication Research, 2010, 1(3): 240—256.
[39] Byrne D E. The attraction paradigm[M]. Academic Pr, 1971.
[40] Buss D M. The evolution of anxiety and social exclusion[J]. Journal of Social and Clinical Psychology, 1990, 9(2): 196—201.
[41] Campbell M C, Kirmani A. Consumers' use of persuasion knowledge: The effects of accessibility and cognitive capacity on perceptions of an influence agent[J]. Journal of consumer research, 2000, 27(1): 69—83.
[42] Cacioppo J T, Petty R E, Sidera J A. The effects of a salient self-schema on the evaluation of proattitudinal editorials: Top-down versus bottom-up message processing[J]. Journal of Experimental Social Psychology, 1982, 18(4):324—338.
[43] Cacioppo J T, Petty R E, Kao C F. The Efficient Assessment of Need for Cognition[J]. J Pers Assess, 1984, 48(3):306—307.
[44] Cha M, Haddadi H, Benevenuto F, et al. Measuring user influence in Twitter: The million follower fallacy[C]. The Association for the Advancement of Artificial Intelligence, 2010: 11—13.
[45] Chaiken S, Eagly A H. Heuristic and systematic information processing within and beyond the persuasion context[J]. Unintended thought, 1989: 212—252.
[46] Cheema A, Kaikati A M. The effect of need for uniqueness on word of mouth[J]. Journal of Marketing Research, 2010, 47(3): 553—563.
[47] Chen S, Zhang H, Lin M, et al. Comparision of microblogging service between Sina Weibo and Twitter[C]. Computer Science and Network Technology (ICCSNT), 2011 International Conference on. IEEE, 2011, 4: 2259—2263.
[48] Chen J, Teng L F, Liao Y H. Counterfeit luxuries: does moral reasoning strategy influence consumers' pursuit of counterfeits? [J]. Journal of Business Ethics, 2018, 151(1): 249—264.
[49] Chen J, Teng L, Liu S, et al. Anticipating regret and consumers' preferences for counterfeit luxury products[J]. Journal of Business Research, 2015, 68(3): 507—515.
[50] Chen J, Teng L F, Yu Y, Yu X. The effect of online information sources on purchase intentions between consumers with high and low susceptibility to informational influence[J], Journal of Business Research, 2016, 69(2): 467—475.

[51] Chen X, Wang C A, Zhang X M. Estimating Tie Strength in Multi-Relation Online Social Networks[J]. Social Science Electronic Publishing, 2014.

[52] Chen Z. Social acceptance and word of mouth: How the motive to belong leads to divergent WOM with strangers and friends[J]. Journal of Consumer Research, 2017, 44(3): 613—632.

[53] Chen Z, Berger J. When, why, and how controversy causes conversation[J]. Journal of Consumer Research, 2013, 40(3): 580—593.

[54] Chevalier J A, Mayzlin D. The effect of word of mouth on sales: Online book reviews[J]. Journal of Marketing Research, 2006, 43(3): 345—354.

[55] Chintagunta P K, Gopinath S, Venkataraman S. The effects of online user reviews on movie box-office performance: Accounting for sequential rollout and aggregation across local markets[J]. Marketing Science, 2010, 29(5): 944—957.

[56] Chiu Y, Chiou J C, Fang W, et al. Design, fabrication, and control of components in MEMS-based optical pickups[J]. IEEE Transactions on Magnetics, 2007, 43(2): 780—784.

[57] Clemons E K, Gao G G, Hitt L M. When online reviews meet hyperdifferentiation: A study of the craft beer industry[J]. Journal of management information systems, 2006, 23(2): 149—171.

[58] Constant D, Sproull L, Kiesler S. The kindness of strangers: The usefulness of electronic weak ties for technical advice. Organization science, 1996, 7(2): 119—135.

[59] Craig T Y, Blankenship K L. Language and persuasion: Linguistic extremity influences message processing and behavioral intentions[J]. Journal of Language & Social Psychology, 2011, 30(3): 290—310.

[60] Cui P, Wang F, Liu S, et al. Who should share what? Item-level social influence prediction for users and post ranking[C]. Proceedings of the 34th International ACM SIGIR Conference on Research and Development in Information Retrieval, 2011: 285—194.

[61] Davenport T H, Prusak L. Working knowledge: How organizations manage what they know[M]. Harvard Business Press, 1998.

[62] Deci E L, Ryan R M. The general causality orientations scale: Self-determination in personality[J]. Journal of research in personality, 1985, 19(2): 109—134.

[63] De Nooy W, Mrvar A, Batagelj V. Exploratory social network analysis

with Pajek[M]. Cambridge University Press, 2011.
[64] Dellarocas C. The digitization of word of mouth: Promise and challenges of online feedback mechanisms[J]. Management science, 2003, 49(10): 1407—1424.
[65] Dellarocas C, Narayan R. A statistical measure of a population's propensity to engage in post-purchase online word-of-mouth[J]. Statistical Science, 2006, 21(2): 277—285.
[66] Dellarocas C, Zhang X M, Awad N F. Exploring the value of online product reviews in forecasting sales: The case of motion pictures[J]. Journal of Interactive marketing, 2007, 21(4): 23—45.
[67] Dewberry D R, Fox R. Easy as 1, 2, 3: Rick Perry and self-deprecation as image restoration [J]. Journal of Contemporary Rhetoric, 2012, 2(1): 1—10.
[68] Dhar V, Chang E. Does chatter matter? The impact of user-generated content on music sales[J]. Journal of Interactive Marketing, 2009, 23(4): 300—307.
[69] DholakiaU. The effects of belonging to consumer-managed and firm-managed virtual brand communities: The case of microsoft XBOX[J]. International Journal of Consumer Studies, 2007, 31(2): 152—159.
[70] Dholakia U M, Bagozzi R P, Pearo L K. A social influence model of consumer participation in network-and small-group-based virtual communities[J]. International journal of research in marketing, 2004, 21(3): 241—263.
[71] Drotner K. Media on the move: Personalized media and the transformation of publicness[J]. Journal of Media Practice, 2005, 6(1): 53—64.
[72] Duan W J, Gu B, Whinston A B. The dynamics of online word-of-mouth and product sales: An empirical investigation of the movie industry[J]. Journal of Retailing, 2008, 84(2): 233—242.
[73] Dubois D, Bonezzi A, DeAngelis M. The Dangers of Strong Ties: How Interpersonal Closeness Influences Word-of-Mouth Valence[J]. INSEAD Working paper, 2013.
[74] Dubois D, Bonezzi A, Angelis M D. Sharing with Friends Versus Strangers: How Interpersonal Closeness Influences Word-of-Mouth Valence[J]. Journal of Marketing Research, 2016, 53(5): 712—727.
[75] Durik A M, Britt M A, Reynolds R, Storey J. The effects of hedges in persuasive arguments: A nuanced analysis of language[J]. Journal of Language and Social Psychology, 2008, 27(3): 217—234.

[76] Duthler K W. The politeness of requests made via email and voicemail: Support for the hyperpersonal model[J]. Journal of Computer-Mediated Communication, 2006, 11(6): 500—521.

[77] Dwyer C, Hiltz S R, Passerini K. Trust and Privacy Concern Within Social Networking Sites: A Comparison of Facebook and MySpace[C]. Reaching New Heights. Americas Conference on Information Systems, Amcis 2007, Keystone, Colorado, Usa, August. 2007.

[78] Eggleston C, Oishi S. Is happiness a moving target? The relationship between residential mobility and meaning in life[M]. The Experience of Meaning in Life. Springer Netherlands, 2013: 333—345.

[79] Escalas J E, Bettman J R. 13 Using narratives to discern self-identity related consumer goals and motivations[J]. The why of consumption: contemporary perspectives on consumer motives, goals and desires, 2003, 1:237.

[80] Esralew S E. Beating others to the punch: Exploring the influence of self-deprecating humor on source perceptions through expectancy violations theory[D]. The Ohio State University, 2012.

[81] Ferraro R, Kirmani A, Matherly T. Look at me! Look at me! Conspicuous brand usage, self-brand connection, and dilution[J]. Journal of Marketing Research, 2013, 50(4): 477—488.

[82] Fitzsimons G M, Bargh J A. Thinking of you: Nonconscious pursuit of interpersonal goals associated with relationship partners[J]. Journal of Personality and Social Psychology, 2003, 84(1): 148—164.

[83] Fogg B J, Marshall J, Laraki O, Osipovich A, Varma C, Fang N, et al. What makes Web sites credible? A report on a large quantitative study[C]. Acm Sigchi Conference on Human Factors in Computing Systems, 2001.

[84] Fowler G, Avila J D. On the Internet, Everyone's a Critic but They're not Very Critical[N]. Wall Street Journal, 2009, 1.

[85] Forman C, Ghose A, Wiesenfeld B. Examining the relationship between reviews and sales: The role of reviewer identity disclosure in electronic markets[J]. Information systems research, 2008, 19(3): 291—313.

[86] Frenzen J, Nakamoto K. Structure, Cooperation, and the Flow of Market Information[J]. Journal of Consumer Research, 1993, 20(3): 360—375.

[87] Fuegen K, Brehm J W. The intensity of affect and resistance to social

influence[J]. Resistance and persuasion, 2004, 45(1): 39—63.
[88] Gibbons P, Busch J, Bradac J J. Powerful versus powerless language: Consequences for persuasion, impression formation, and cognitive response[J]. Journal of Language and Social Psychology, 1991, 10(2): 115—133.
[89] Gilly M C, Graham J L, Wolfinbarger M F, et al. A dyadic study of interpersonal information search[J]. Journal of the Academy of Marketing Science, 1998, 26(2): 83—100.
[90] Gino F, Shang J, Croson R. The impact of information from similar or different advisors on judgment[J]. Organizational Behavior and Human Decision Processes, 2009, 108(2): 287—302.
[91] Godfrey D K, Jones E E, Lord C G. Self-promotion is not ingratiating [J]. Journal of personality and social psychology, 1986, 50(1): 106.
[92] Godes D, Mayzlin D. Using online conversations to study word-of-mouth communication [J]. Marketing science, 2004, 23 (4): 545—560.
[93] Godes D, Mayzlin D. Firm-created word-of-mouth communication: Evidence from a field test [J]. Marketing Science, 2009, 28 (4): 721—739.
[94] Goldenberg J, Libai B, Muller E. Talk of the network: A complex systems look at the underlying process of word-of-mouth[J]. Marketing letters, 2001, 12(3): 211—223.
[95] Goldberg M E, Hartwick J. The Effects of Advertiser Reputation and Extremity of Advertising Claim on Advertising Effectiveness[J]. Journal of Consumer Research, 1990, 17(2): 172—179.
[96] Golder P N, Tellis G J. Growing, growing, gone: Cascades, diffusion, and turning points in the product life cycle[J]. Marketing Science, 2004, 23(2): 207—218.
[97] Granovetter M S. The strength of weak ties[J]. American journal of sociology, 1973: 1360—1380.
[98] Greengross G, Miller G F. Dissing oneself versus dissing rivals: Effects of status, personality, and sex on the short-term and long-term attractiveness of self-deprecating and other-deprecating humor[J]. Evolutionary Psychology, 2008, 6(3): 393—408.
[99] Gvili Y, Levy S. Consumer engagement in sharing brand-related information on social commerce: the roles of culture and experience[J]. Journal of Marketing Communications, 2019: 1—16.

[100] Hamilton M A, Stewart B L. Extending an information processing model of language intensity effects [J]. Communication quarterly, 1993, 41(2): 231—246.

[101] Han Y J, Nunes J C, Dreze X. Signaling status with luxury goods: The role of brand prominence[J]. Journal of Marketing, 2010, 74(4): 15—30.

[102] Heath C, Bell C, Sternberg E. Emotional selection in memes: the case of urban legends[J]. Journal of Personality and Social Psychology, 2001, 81(6): 1028.

[103] Herhausen D, Ludwig S, Grewal D, Wulf J, Schoegel M. Detecting, preventing, and mitigating online firestorms in brand communities[J]. Journal of Marketing, 2019, 83(3): 1—21.

[104] Higgins E T. Achieving 'shared reality' in the communication game: A social action that creates meaning[J]. Journal of Language and Social Psychology, 1992, 11(3): 107—131.

[105] Higgins E T, William S R, Carl R J. Category accessibility and impression formation [J]. Journal of Social Psychology, 1977, 13 (2): 141—154.

[106] Holtgraves T, Lasky B. Linguistic power and persuasion[J]. Journal of Language & Social Psychology, 1999, 18(2): 196—205.

[107] Homburg C, Ehm L, Artz M. Measuring and managing consumer sentiment in an online community environment[J]. Journal of Marketing Research, 2015, 52(5): 629—641.

[108] Hoption C, Barling J, Turner N. "It's not you, it's me": transformational leadership and self-deprecating humor [J]. Leadership & Organization Development Journal, 2013, 34(1): 4—19.

[109] Hosman L A. The evaluative consequences of hedges, hesitations and intensifiers [J]. Human communication research, 1989, 15 (3): 383—406.

[110] Hosman L A, Huebner T M, Siltanen S A. The impact of power-of-speech style, argument strength, and need for cognition on impression formation, cognitive responses, and persuasion [J]. Journal of Language and Social Psychology, 2002(21): 361—379.

[111] Hosman, L. A. Language and persuasion. The persuasion handbook: Developments in theory and practice[M], Sage Publications, 2002.

[112] Hosman L A, Siltanen S A. Powerful and powerless language forms their consequences for impression formation, attributions of control of

self and control of others, cognitive responses, and message memory [J]. Journal of Language and Social Psychology, 2006, 25 (1): 33—46.

[113] Hosman L A, Siltanen S A. Hedges, tag questions, message processing, and persuasion[J]. Journal of Language and Social Psychology, 2011, 30(3): 341—349.

[114] Hovland C I, Janis I L, Kelley H H. Communication and persuasion; psychological studies of opinion change [M]. Yale University Press, 1953.

[115] Huang F H. Motivations of facebook users for responding to posts on a community page[M]. Online Communities and Social Computing. Springer Berlin Heidelberg, 2013: 33—39.

[116] Huang H Y. Examining the beneficial effects of individual's self-disclosure on the social network site[J]. Computers in Human Behavior, 2016, 57: 122—132.

[117] Idson L C, Mischel W. The personality of familiar and significant people: The lay perceiver as a social-cognitive theorist[J]. J Pers Soc Psychol, 2001, 80(4): 585—596.

[118] Iyengar R, Van den Bulte C, Valente T W. Opinion leadership and social contagion in new product diffusion[J]. Marketing Science, 2011, 30(2): 195—212.

[119] Jensen J D. Scientific uncertainty in news coverage of cancer research: Effects of hedging on scientists' and journalists' credibility. Human Communication Research, 2008, 34(3): 347—369.

[120] Jiang L, Hoegg J, Dahl D W, et al. The persuasive role of incidental similarity on attitudes and purchase intentions in a sales context[J]. Journal of Consumer Research, 2009, 36(5): 778—791.

[121] Jin J, Li Y, Zhong X, Zhai L. Why users contribute knowledge to online communities: An empirical study of an online social Q&A community[J]. Information & management, 2015, 52(7): 840—849.

[122] Kaplan A M, Haenlein M. Users of the world, unite! The challenges and opportunities of Social Media[J]. Business horizons, 2010, 53(1): 59—68.

[123] Karmarkar U R, Tormala Z L. Believe me, I have no idea what I'm talking about: The effects of source certainty on consumer involvement and persuasion[J]. Journal of Consumer Research, 2010, 36(6): 1033—1049.

[124] Keller E, Libai B. A holistic approach to the measurement of WOM [C]. ESOMAR Worldwide Media Measurement Conference, Stockholm. 2009.

[125] Kelley H H. The processes of causal attribution[J]. American psychologist, 1973, 28(2): 107.

[126] Kleine R E, Kleine S S, Kernan J B. Mundane consumption and the self: A social-identity perspective[J]. Journal of Consumer Psychology, 1993, 2(3): 209—235.

[127] Kim K, Zhang M, Li X. Effects of Temporal and Social Distance on Consumer Evaluations | Journal of Consumer Research | Oxford Academic[J]. Journal of Consumer Research, 2008, 35(4):706—713.

[128] Kim M H. Why self-deprecating? Achieving 'oneness' in conversation [J]. Journal of Pragmatics, 2014, 69:82—98.

[129] Kolditz T A, Arkin R M. An impression management interpretation of the self-handicapping strategy[J]. Journal of Personality and Social Psychology, 1982, 43(3): 492.

[130] Krauss R M, Fussell S R. Perspective-taking in communication: Representations of others' knowledge in reference[J]. Social Cognition, 1991, 9(1): 2—24.

[131] Krosnick J A, Petty R E. Attitude strength: An overview[J]. Attitude strength: Antecedents and consequences, 1995, 1(1): 1—24.

[132] Kwok L, Mao Z, Huang Y K. Consumers' electronic word-of-mouth behavioral intentions on Facebook: Does message type have an effect? [J]. Tourism and Hospitality Research, 2017, 19(3): 296—307.

[133] Ledbetter A M, Mazer J P, DeGroot J M, et al. Attitudes toward online social connection and self-disclosure as predictors of Facebook communication and relational closeness[J]. Communication Research, 2011, 38(1): 27—53.

[134] Levin D Z, Cross R. The strength of weak ties you can trust: The mediating role of trust in effective knowledge transfer[J]. Management science, 2004, 50(11): 1477—1490.

[135] Lin N, Ensel W M, Vaughn J C. Social resources and strength of ties: Structural factors in occupational status attainment[J]. American sociological review, 1981: 393—405.

[136] Linville P W, Fischer G W, Yoon C. Perceived covariation among the features of ingroup and outgroup members: The outgroup covariation effect[J]. Journal of Personality & Social Psychology, 1996, 70(3):

421—436.
[137] Lakoff R. Language and women's place[M]. New York: Harper Colophon, 1975.
[138] Leskovec J, Adamic L A, Huberman B A. The dynamics of viral marketing[J]. ACM Transactions on the Web(TWEB), 2007, 1(1): 5.
[139] Levin D Z, Cross R. The strength of weak ties you can trust: The mediating role of trust in effective knowledge transfer[J]. Management science, 2004, 50(11): 1477—1490.
[140] Lewis K, Kaufman J, Gonzalez M, et al. Tastes, ties, and time: A new social network dataset using Facebook. com[J]. Social networks, 2008, 30(4): 330—342.
[141] Levy S J. Symbols for sale[J]. Harvard business review, 1959, 37(4): 117—124.
[142] Libai B, Muller E, Peres R. The role of seeding in multi-market entry [J]. International Journal of Research in Marketing, 2005, 22(4): 375—393.
[143] Lindner C. Assessing Determinants of Customer Loyalty in an Online News Service Context[D]. University of East Anglia Doctoral Dissertation, 2013.
[144] Lin N, Ensel W M, Vaughn J C. Social resources and strength of ties: Structural factors in occupational status attainment[J]. American sociological review, 1981:393—405.
[145] Lin K Y, Lu H P. Why people use social networking sites: An empirical study integrating network externalities and motivation theory[J]. Computers in Human Behavior, 2011, 27(3): 1152—1161.
[146] Liu Y. Word of mouth for movies: Its dynamics and impact on box office revenue[J]. Journal of Marketing, 2006, 70(3): 74—89.
[147] Lusch R F, Tay N S P. Agent-based modeling: Gaining insight into firm and industry performance[J]. Assessing marketing strategy performance, 2004: 212—227.
[148] Ma X, Hancock J, Naaman M. Anonymity, Intimacy and Self-Disclosure in Social Media[C]. CHI Conference on Human Factors in Computing Systems. ACM, 2016: 3857—3869.
[149] Maddux J E, Rogers R W. Effects of source expertness, physical attractiveness, and supporting arguments on persuasion: a case of brains over beauty[J]. Journal of Personality & Social Psychology, 1980, 39 (2): 235—244.

[150] Martin-Fuentes E, Mateu C, Fernandez C. The more the merrier? Number of reviews versus score on TripAdvisor and Booking. com[J]. International Journal of Hospitality & Tourism Administration, 2018: 1—14.

[151] Mead N L, Baumeister R F, Stillman T F, et al. Social exclusion causes people to spend and consume strategically in the service of affiliation [J]. Journal of Consumer Research, 2011, 37(5): 902—919.

[152] Moe W W, Trusov M. The value of social dynamics in online product ratings forums[J]. Journal of Marketing Research, 2011, 48(3): 444—456.

[153] Moldovan S, Goldenberg J, Chattopadhyay A. The different roles of product originality and usefulness in generating word-of-mouth[J]. International Journal of Research in Marketing, 2011, 28(2): 109—119.

[154] Moldovan S, Steinhart Y, Ofen S. "Share and scare": Solving the communication dilemma of early adopters with a high need for uniqueness [J]. Journal of Consumer Psychology, 2015, 25(1): 1—14.

[155] Montoya R M, Horton R S, Kirchner J. Is actual similarity necessary for attraction? A meta-analysis of actual and perceived similarity[J]. Journal of Social and Personal Relationships, 2008, 25(6): 889—922.

[156] Moore S G. Some things are better left unsaid: How word of mouth influences the storyteller[J]. Journal of Consumer Research, 2011, 38 (6): 1140—1154.

[157] Mudambi S M, Schuff D. What makes a helpful review? A study of customer reviews on Amazon. com[J]. MIS quarterly, 2010, 34(1): 185—200.

[158] Naaman M, Boase J, Lai C H. Is It Really About Me?: Message Content in Social Awareness Streams[C]. Proceedings of the 2010 ACM conference on Computer supported cooperative work, 2010.

[159] Nardi B A, Schiano D J, Gumbrecht M. Blogging as social activity, or, would you let 900 million people read your diary? [C]. Proceedings of the 2004 ACM conference on Computer supported cooperative work. ACM, 2004: 222—231.

[160] Naylor R W, Lamberton C P, Norton D A. Seeing ourselves in others: Reviewer ambiguity, egocentric anchoring, and persuasion[J]. Journal of marketing research, 2011, 48(3): 617—631.

[161] Ng S H, Bradac J J. Power in language: Verbal communication and social influence. Sage Publications Inc, 1993.

[162] Oeldorf-Hirsch A, Sundar S S. Posting, commenting, and tagging: Effects of sharing news stories on Facebook[J]. Computers in Human Behavior, 2015, 44: 240—249.

[163] Oishi S, Lun J, Sherman G D. Residential Mobility, Self-Concept, and Positive Affect in Social Interactions[J]. J Pers Soc Psychol, 2007, 93(1): 131—141.

[164] Oishi S, Kesebir S, Miao F F, et al. Residential mobility increases motivation to expand social network: But why? [J]. Journal of Experimental Social Psychology, 2013, 49(2): 217—223.

[165] Oishi S, Krochik M, Roth D, et al. Residential Mobility, Personality, and Subjective and Physical Well-Being An Analysis of Cortisol Secretion[J]. Social Psychological & Personality Science, 2011, 3(2): 153—161.

[166] Oishi S. The psychology of residential mobility: Implications for the self, social relationships, and well-being[J]. Perspectives on Psychological Science, 2010, 5(1): 5—21.

[167] Oishi S, Miao F F, Koo M, et al. Residential mobility breeds familiarity-seeking[J]. Journal of personality and social psychology, 2012, 102(1): 149—162.

[168] Packard G, Gershoff A D, Wooten D B. When Boastful Word of Mouth Helps versus Hurts Social Perceptions and Persuasion[J]. Journal of Consumer Research, 2016, 43(1): 26—43.

[169] Packard G, Gershoff A, Wooten D B. Trust Me, I Know! the Impact of Source Self-Enhancement on Persuasion in Word-Of-Mouth[J]. NA-Advances in consumer research volume 43, 2015.

[170] Packard G, Wooten D B. Compensatory knowledge signaling in consumer word-of-mouth [J]. Journal of Consumer Psychology, 2013, 23(4): 434—450.

[171] Papacharissi Z. The virtual geographies of social networks: a comparative analysis of Facebook, LinkedIn and A Small World[J]. New media & society, 2009, 11(1—2): 199—220.

[172] Pennebaker J W, Zech E, Rimé B. Disclosing and sharing emotion: Psychological, social, and health consequences[J]. Handbook of Bereavement Research: Consequences, Coping, and Care, 2001: 517—543.

[173] PengJ, Agarwal A, Hosanagar K, Iyengar R. Network overlap and content sharing on social media platforms[J]. Journal of Marketing Re-

search, 2018, 55(4): 571—585.

[174] Pornpitakpan C. A critical review of classical conditioning effects on consumer behavior[J]. Australasian marketing journal(AMJ), 2012, 20(4): 282—296.

[175] Preacher K J, Rucker D D, Hayes A F. Addressing moderated mediation hypotheses: Theory, methods, and prescriptions[J]. Multivariate Behavioral Research, 2007, 42(1): 185—227.

[176] Priester J R, Petty R E. The influence of spokesperson trustworthiness on message elaboration, attitude strength, and advertising effectiveness [J]. Journal of consumer psychology, 2003, 13(4): 408—421.

[177] Ratner R K, Kahn B E. The impact of private versus public consumption on variety - seeking behavior[J]. Journal of Consumer Research, 2002, 29(2): 246—257.

[178] Rimé B. Emotion elicits the social sharing of emotion: Theory and empirical review[J]. Emotion Review, 2009, 1(1): 60—85.

[179] Rimé B. Interpersonal emotion regulation[J]. Handbook of Emotion Regulation, 2007, 1: 466—468.

[180] Rheingold H. The virtual community: Finding connection in a computerized world [M]. Addison-Wesley Longman Publishing Co., Inc., 1993.

[181] Rogers Everett M. Diffusion of innovations[M]. New York,Simon and Schuster, 1995, 12.

[182] Rosenberg M. Psychological perspectives on the self[M], vol. 1 by Jerry Suls, 1986.

[183] Ross L, Greene D, House P. The "false consensus effect": An egocentric bias in social perception and attribution processes[J]. Journal of experimental social psychology, 1977, 13(3): 279—301.

[184] Roy G, Datta B, Basu R. Effect of eWOM valence on online retail sales [J]. Global Business Review, 2017, 18(1): 198—209.

[185] Rozenkrants B, Wheeler S C, Shiv B. Self-expression cues in product rating distributions: When people prefer polarizing products[J]. Journal of Consumer Research, 2017, 44(4): 759—777.

[186] Schaller M, Conway III L G, Tanchuk T L. Selective pressures on the once and future contents of ethnic stereotypes: effects of the communicability of traits[J]. Journal of personality and social psychology, 2002, 82(6): 861.

[187] Schlosser A E. Posting versus lurking: Communicating in a multiple

audience context [J]. Journal of Consumer Research, 2005, 32: 260—265.

[188] Schoeman F D. Privacy and social freedom[M]. Cambridge university press, 1992.

[189] Schnurr S, Chan A. When laughter is not enough. Responding to teasing and self-denigrating humor at work[J]. Journal of Pragmatics, 2011, 43(1): 20—35.

[190] Seltzer L J, Ziegler T E, Pollak S D. Social vocalizations can release oxytocin in humans[J]. Proceedings of the Royal Society of London, Series B: Biological Sciences, 2010, 277: 2661—2666.

[191] Shapiro S P. The social control of impersonal trust[J]. American journal of Sociology, 1987, 93(3): 623—658.

[192] Sharratt M, Usoro A. Understanding knowledge-sharing in online communities of practice[J]. Electronic Journal on Knowledge Management, 2003, 1(2): 187—196.

[193] Shavitt S, Nelson M R. The social identity function in person perception: Communicated meanings of product preferences[J]. Why we evaluate: Function of attitudes, 1999: 27—57.

[194] Sheehan D, Dommer S L. Risky "BIG" ness: How Conspicuous Signals Persuade the Self but Dissuade Others[J]. Advances in Consumer Research, 2014, 42: 689.

[195] Sherif M, Hovland C I. Social judgment: Assimilation and contrast effects in communication and attitude change[J]. American Journal of Sociology, 1961, 68(1): 126—127.

[196] Sillars A L. Interpersonal perception in relationships[M]. Compatible and incompatible relationships. Springer New York, 1985.

[197] Simons H W, Berkowitz N N, Moyer R J. Similarity, credibility, and attitude change: A review and a theory[J]. Psychological bulletin, 1970, 73(1): 1.

[198] Sparks J R, Areni C S. Style Versus Substance: Multiple Roles of Language Power in Persuasion[J]. Journal of Applied Social Psychology, 2008, 38(1): 24.

[199] Sparks J R, Areni C S, Cox K C. An investigation of the effects of language style and communicationmodality on persuasion. Communication Monographs, 1998, 65(2): 108—125.

[200] Sperber D, Wilson D. Relevance: Communication and Cognition[M]. Oxford: Blackwell, 1986.

[201] Steel E. Buzz, Viewers Diverge[J]. Wall Street Journal, 2011, 17.

[202] Stephen A T, Berger J A. 'Creating Contagious': How Social Networks and Item Characteristics Combine to Spur Ongoing Consumption and Reinforce Social Epidemics [J]. New York: Columbia University, 2009.

[203] Stephen A T, Galak J. The effects of traditional and social earned media on sales: A study of a microlending marketplace[J]. Journal of Marketing Research, 2012, 49(5): 624—639.

[204] Suls J, Martin R, Wheeler L. Three kinds of opinion comparison: The triadic model[J]. Personality and social psychology review, 2000, 4(3): 219—237.

[205] Sun M. How does the variance of product ratings matter? [J]. Management Science, 2012, 58(4): 696—707.

[206] Sun S L, Chen V Z, Sunny S A, Chen J. Venture capital as an ecosystem engineer for regional innovation in an emerging market[C]. Technology & Engineering Management Conference. IEEE, 2017.

[207] Swidey N. Inside the mind of the anonymous online poster[J]. Boston Globe Sunday Magazine, 2010.

[208] Szell M, Lambiotte R, Thurner S. Multirelational organization of large-scale social networks in an online world[J]. Proceedings of the National Academy of Sciences, 2010, 107(31): 13636—13641.

[209] Taylor C. Sources of the Self. The making of the modern identity[M]. Cambridge, MA(Harvard University Press). 1989.

[210] Toubia, O., & Stephen, A. T. Intrinsic vs. image-related utility in social media: why do people contribute content to twitter? [J] Marketing Science, 32(3): 368—392.

[211] Trusov M, Bucklin R E, Pauwels K. Effects of word-of-mouth versus traditional marketing: findings from an internet social networking site [J]. Journal of marketing, 2009, 73(5): 90—102.

[212] Tucker, C. Ad virality and Ad persuasiveness. MIT Working Paper, 2012.

[213] Vonk R. Effects of other-profitability and self-profitability on evaluative judgments of behaviors[J]. European Journal of Social Psychology, 1999, 29(7): 833—842.

[214] Walther J B. Computer-mediated communication: Impersonal, interpersonal, and hyperpersonal interaction[J]. Communication Research, 1996, 23(1): 3—43.

[215] Walther J B. Selective self-presentation in computer-mediated communication: Hyperpersonal dimensions of technology, language, and cognition[J]. Computers in Human Behavior, 2007, 23(5): 2538—2557.
[216] Walther, J. B. Theories of Computer-Mediated Communication and Interpersonal Relations[A]. M. L. Knapp, J. A. Daly The Handbook Of Interpersonal Communication[C]. , Thousand Oaks: Sage, 2011.
[217] Wang S S, Stefanone M A. Showing Off? Human Mobility and the Interplay of Traits, Self-Disclosure, and Facebook Check-Ins[J]. Social Science Computer Review, 2013, 31(4): 437—457.
[218] Wang T, Yeh R K J, Chen C, Tsydypov Z. What drives electronic word-of-mouth on social networking sites? Perspectives of social capital and self-determination[J]. Telematics and Informatics, 2016, 33(4): 1034—1047.
[219] Wang Y, Yu Q, Fesenmaier D R. Defining the virtual tourist community: implications for tourism marketing[J]. Tourism Management, 2002, 23(4): 407—417.
[220] Wangenheim F, Bayon T. Satisfaction, loyalty and word of mouth within the customer base of a utility provider: Differences between stayers, switchers and referral switchers[J]. Journal of consumer behaviour, 2004, 3(3): 211—220.
[221] Watts D J. A simple model of global cascades on random networks[J]. Proceedings of the National Academy of Sciences, 2002, 99(9): 5766—5771.
[222] Weng J, Lim E P, Jiang J, et al. TwitterRank: Finding topic-sensitive influential Twitterers[C]. Third ACM International Conference on Web Search and Data Mining, 2010: 7—9.
[223] Weingarten E, Berger J. Fired up for the future: How time shapes sharing[J]. Journal of Consumer Research, 2017, 44(2): 432—447.
[224] Weiss A M, Lurie N H, MacInnis D J. Listening to strangers: whose responses are valuable, how valuable are they, and why? [J]. Journal of marketing research, 2008, 45(4): 425—436.
[225] Westwood R. Comic relief: Subversion and catharsis in organizational comedic theatre[J]. Organization Studies, 2004, 25(5): 775—795.
[226] Wibral M, Pampu N, Priesemann V, et al. Measuring information-transfer delays[J]. PloS one, 2013, 8(2): e55809.
[227] Williams E J, Beardmore A, Joinson A N. Individual differences in susceptibility to online influence: A theoretical review[J]. Computers in

Human Behavior, 2017, 72: 412—421.

[228] Winter S, Krämer N C, Rösner L, et al. Don't keep it(too)simple: How textual representations of scientific uncertainty affect laypersons' attitudes[J]. Journal of Language and Social Psychology, 2015, 34(3): 251—272.

[229] Wuyts S, Stremersch S, Van den Bulte C, et al. Vertical marketing systems for complex products: A triadic perspective[J]. Journal of Marketing Research, 2004, 41(4): 479—487.

[230] Yan Z, Wang T, Chen Y, Zhang H. Knowledge sharing in online health communities: A social exchange theory perspective[J]. Information & Management, 2016, 53(5): 643—653.

[231] Yang C, Hsu Y C, Tan S. Predicting the determinants of users' intentions for using YouTube to share video: moderating gender effects[J]. Cyberpsychology, Behavior, and Social Networking, 2010, 13(2): 141—152.

[232] Ye S, Wu S F. Measuring message propagation and social influence on Twitter. com[C]. Proceedings of the 2nd International Conference on Social Informatics, 2010: 223—228.

[233] Yilmaz R. Knowledge sharing behaviors in e-learning community: Exploring the role of academic self-efficacy and sense of community[J]. Computers in Human Behavior, 2016, 63: 373—382.

[234] Zhang Y, Feick L, Mittal V. How males and females differ in their likelihood of transmitting negative word of mouth[J]. Journal of Consumer Research, 2014, 40(6): 1097—1108.

[235] Zhao X, Lynch J G, Chen Q. Reconsidering Baron and Kenny: Myths and truths about mediation analysis[J]. Journal of consumer research, 2010, 37(2): 197—206.

[236] Ziv A. Personality and sense of humor [M]. Springer Pub Co, 1984.

[237] 安悦. 基于微博客的手机供应商排名推荐[J]. 数学的实践与认识, 2013, 43(10): 23—30.

[238] 百度百科. PageRank 算法[EB/OL] . http://baike. baidu. com/link?url = VLMRJ1 _ 5OqkLLAM3DS7oOrFRXMJrMI2J6FgdI57cvIAg3tiSQjKkqVEPdqyvWCptoCpFe7KtdhA_6NqT-QS1sK, 2016—4—30.

[239] 鲍丽娟. 社交网站的信息分享特征研究-以人人网为例[D]. 北京邮电大学, 2013.

[240] 陈浩. 基于 Hadoop 的微博用户影响力排名算法研究[D]. 华东理工大学硕士学位论文, 2013.

[241] 陈洁，刘玉琦，韦俊龙．信息争议性影响在线社区信息分享的仿真研究[J]．工业工程与管理，2018，23(03)：61—68.

[242] 陈洁，谢文昕，李博．网络属性对消费者在线重购品牌选择行为影响研究[J]．上海管理科学，2011(4)：81—89.

[243] 陈洁，韦俊龙，杨梦泓．广告信息对非欺诈性仿冒奢侈品购买意愿影响研究[J]．管理评论，2016，28(7)：120—129.

[244] 程业炳．SNS虚拟社区个体隐性知识共享研究[J]．情报科学，2013(4)：45—50.

[245] 丁小溪，陈聪，郜晓安．"塑料紫菜"冲击波：缺乏常识的谣言为何会蔓延?[EB/OL]．https://www.chinanews.com/sh/2017/06—07/8243768.shtml，2017—06—07.

[246] 郝鸿，刘尊礼，孟宪忠，陈洁，基于协同演化动态能力的汽车电商接受意愿研究—以S汽车集团电商为例[J]，工业工程与管理，2016，21(5)：117—122.

[247] 郝鸿，汽车电商的接受意愿实证研究[J]，2015，博士论文.

[248] 郝晓玲，陈铁杰．企业微博影响力指数研究[J]．情报杂志，2013，32(7)：64—68.

[249] 郝晓玲，杜沁怡，黄海量．企业家微博影响力的综合评价研究[J]．情报科学，2015，33(3)：95—101.

[250] 郝媛媛，邹鹏，李一军等．基于电影面板数据的在线评论情感倾向对销售收入影响的实证研究[J]．管理评论，2009，21(10)：95—103.

[251] 贺爱忠，李雪．在线品牌社区成员持续参与行为形成的动机演变机制研究[J]．管理学报，2015(05)：733—743.

[252] 侯楠，赵希男，杨皎平．虚拟社区中个人需求、共享动机与竞优行为[J]．管理评论，2018，30(6)：112—122.

[253] 胡吉明，张蔓蒂，黄如花．社会网络环境下用户关系对信息传播的影响作用——以新浪微博为例[J]．情报杂志，2013，32(6)：181—185.

[254] 金永生，王睿，陈祥兵．企业微博营销效果和粉丝数量的短期互动模型[J]．管理科学，2011(04)：71—83.

[255] 康捷，周欣，曹伟．新浪微博数据挖掘方案[J]．清华大学学报(自然科学版)，2011，51(10)：1300—1305.

[256] 兰晓霞．移动社交网络信息披露意愿的实证研究——基于隐私计算与信任的视角[J]．现代情报，2017，37(4)：82—86.

[257] 李爱君．微博的特点及其潮词英译解析[J]．重庆社会科学，2013(2)：61—65.

[258] 李春分．自嘲的语用研究[D]．长沙：长沙理工大学，2012.

[259] 李春分，涂靖．论自嘲的产生机制和表达方式[J]．重庆交通大学学

报：社会科学版，2011，11(5)：138—141.
[260] 李纲，王丹丹，LiGang，等. 社交网站用户个人信息披露意愿影响因素研究——以新浪微博为例[J]. 情报资料工作，2015，36(1)：35—40.
[261] 李金阳. 社会交换理论视角下虚拟社区知识共享行为研究[J]. 情报科学，2013(4)：119—123.
[262] 李娜，薛俊强. 基于最优 ARIMA 模型的我国 GDP 增长预测[J]. 统计与决策，2013(09)：23—26.
[263] 李珍，鲁成. 服装消费者仿冒奢侈品购买行为机理研究[J]. 丝绸，2018，55(5)：51—58.
[264] 刘璐佳. 微博影响力的直觉模糊评价方法[J]. 电脑知识与技术，2011，7(33)：8195—8196.
[265] 刘齐林，曾玲，曾祥艳. 基于支持向量机的区间模糊数时间序列预测[J]. 数学的实践与认识，2015，45(22)：205—212.
[266] 刘涛，陈洁，韦俊龙. 关系强度、情境开放性与自嘲信息分享意愿[J]. 管理学报，2016，13(1)：1—7.
[267] 刘艳. 国际油价波动对我国汽车市场的传导机制研究[J]. 价格月刊，2017(05)：15—18.
[268] 刘玉琦，陈洁，韦俊龙. 关系类型、感知相似性与用户互动意愿[J]. 软科学，2017，31(9)：124—127.
[269] 鲁成，汪泓，刘尊礼，陈洁. 市场导向对实体零售业网络化的适应性影响 ——创新与组织学习的中介作用，工业工程与管理，2018，23(1)：143—148.
[270] 鲁成，朱怡怡，赵转叶，et al. 网络购物指标体系构建及其对消费者购买意愿的影响[J]. 丝绸，2018，55(06)：50—56.
[271] 石艳霞. SNS 虚拟社区知识共享及其影响因素研究[D]. 山西大学，2010.
[272] 尚勤. 新闻讯息在微博社区中的传播分析-以新浪微博为例[J]. 东南传播，2012(12)：85—87.
[273] 孙国梓，仇呈燕，李华康. 基于线性加权的微博影响力量化模型[J]. 四川大学学报(工程科学版)，2016，48(1)：78—84.
[274] 童程芹. 社交网络中用户转发行为的影响机制研究[D]. 浙江工商大学，2014.
[275] 王战平，阮成奇，李鸣瑜等. 企业微博传播效果测评研究[J]. 情报科学，2014(09)：52—59.
[276] 吴铎思，"塑料紫菜"案判了，舌尖上的谣言该止了[DB/OL]. http://www.xinhuanet.com/2017—12/16/c_1122119959.htm，2017—12—16.

[277] 夏雨禾. 微博互动的结构与机制[J]. 新闻与传播研究，2010(4)：60—69.

[278] 许晓东，肖银涛，朱士瑞. 微博社区的谣言传播仿真研究[J]. 计算机工程，2011，37(10)：272—274.

[279] 尹小平，王艳秀. 中国汽车销量影响因素的实证分析[J]. 统计与决策，2011(08)：98—100.

[280] 于霞，鲁成. 基于扎根理论的我国女性服装消费心理传导机制研究[J]. 毛纺科技，2018，46(11)：84—88.

[281] 袁红，赵磊. 微博社区信息交流网络结构与交流模式研究[J]. 现代情报，2012，32(9)：48—52.

[282] 原福永，冯静，符茜茜. 微博用户的影响力指数模型[J]. 现代图书情报技术，2012(6)：60—64.

[283] 张莉. 社会网络视角下的用户关系与信息服务体系研究[J]. 情报科学，2013(7)：41—45.

[284] 张彦超. 社交网络服务中信息传播模式与舆论演进过程研究[D]. 北京：北京交通大学，2012.

[285] 赵阿敏，曹桂全. 慈善组织微博影响力评价研究[J]. 情报杂志，2013，32(10)：36—40.

[286] 赵捧未，马琳，秦春秀. 虚拟社区研究综述[J]. 情报理论与实践，2013(7)：119—123.

[287] 赵时亮，高扬. 基于移动通信的人口流动信息大数据分析方法与应用[J]. 人口与社会，2014，30(3)：20—26.

[288] 赵越岷，李梦俊，陈华平. 虚拟社区中消费者信息共享行为影响因素的实证研究[J]. 管理学报，2010(10)：1490—1494＋1501.

[289] 钟佳玲，陈洁，刘玉琦，韦俊龙. 炫耀性品牌使用、人际相似性、专业性与品牌态度[J]. 上海管理科学，2018，40(4)：83—88.

[290] 周志民，吴群华. 在线品牌社群凝聚力的前因与后效研究[J]. 管理学报，2013(1)：117—124.

图书在版编目(CIP)数据

在线社区开放性对消费者信息分享行为影响机理:基于社会影响视角/陈洁著.
—上海:上海三联书店,2020.1
ISBN 978-7-5426-6911-7
Ⅰ.①在… Ⅱ.①陈… Ⅲ.①社区—社会行为—影响—消费者—个人信息—研究 Ⅳ.①C912.68②F713.51

中国版本图书馆 CIP 数据核字(2019)第 273241 号

在线社区开放性对消费者信息分享行为影响机理

——基于社会影响视角

著　　者　陈　洁

责任编辑　钱震华
装帧设计　陈益平

出版发行　上海三联书店
(200030)中国上海市漕溪北路 331 号
印　　刷　上海昌鑫龙印务有限公司

版　　次　2019 年 12 月第 1 版
印　　次　2019 年 12 月第 1 次印刷
开　　本　700×1000　1/16
字　　数　152 千字
印　　张　13
书　　号　ISBN 978-7-5426-6911-7/F·795
定　　价　58.00 元